もくじ

Chapter 1

絶対成功する！

小学5年
外国語授業の
ポイント5

1 Small Talk で既習事項の定着をさせよう

　文部科学省（2017）は，『小学校外国語活動・外国語研修ガイドブック』を著し，小学校5年生で，教師による Small Talk，小学校6年生で，児童同士の Small Talk を行うことを示しています（同：pp.84-85）。

　Small Talk の目的は，

①既習表現を繰り返し使用できるようにしてその定着を図る。
②対話を続けるための基本的な表現の定着を図る。

というように，定着を意識した位置づけとなっています。

　また，Small Talk には基本形があり，

①教師の Small Talk（Teacher's Talk）
②児童同士の Small Talk
③中間評価
④児童同士の Small Talk

という過程を辿ります。

　時間にしておよそ10〜12分間の活動になります。

　児童に限らず人間は，過去に学習したことを繰り返し復習したり触れたりしなければ，なかなか定着は図れません。既習事項を用いた言語活動を，授業の最初に，**帯的な学習として継続していく**ことで，繰り返し基本表現を使わせ，思い出させ，活用させ，そして定着を図ることを目指しています。

　英語はいわば，「技能」です。技能は知識と違い，覚えたらおしまいではありません。覚えたことを使える状態にすることで「技能」となります。そのための方策が，Small Talk となります。

　なお，この Small Talk は文科省の意図するところでは6年生で児童同士の Small Talk を行い，5年生では，教師の Small Talk（Teacher's Talk）ということを示しています。しかしながら筆者は，5年生から段階的に児童同士の Small Talk を導入していってもよいかと考えています。詳細は，下記，参考文献を参照いただけると幸いです。

〈参考文献〉
　『小学校英語サポート BOOKS　英語教師のための Teacher's Talk & Small Talk 入門』瀧沢広人著（明治図書）
　『小学校英語サポート BOOKS　身近な話題で楽しく話せる！Small Talk 月別メニュー88』山口美穂著（明治図書）

2 基本フレーズを確実に定着させるにはどうすればいいの？

　小学校の外国語授業（5・6年）の1つの目玉は，Small Talk です。しかし，その Small Talk を追究しすぎると，課題が Endless のように出てきて，それらを克服しようと思い実践していくと，いつの間にか Small Talk が Big Talk になってしまっているのではないかと思うようなことがあります。筆者は，月刊誌『英語教育』（2019年10月号）に次のように書きました。

> 　Small Talk を進めていくと，endless のように，次から次へと課題が話題としてあがってきます。その中のいくつかは解決できそうなものもあれば，「もうその辺でいいんじゃないの？」と思うこともあります。なにせ相手は小学生です。まだまだ圧倒的にインプットの量が少ない小学生です。完璧に話させようというのが土台無理です。どこかでピリオドを打ちませんか。それより授業の中身を考えたいです。Small Talk は授業の中身の反映ですから，授業の中身が充実すれば，必然的に Small Talk の内容も充実してくるでしょう。

　ある程度の Small Talk 実践は大事でしょう。しかし，それと同時に，**普段の授業の中身を充実させること**が，Small Talk の充実につながると考えるのです。つまり，単元内で身に付けるべき基本的な表現（フレーズ）を確実に児童に身に付けさせていくための指導をきちんと行っていくことだと思うのです。そのためには，〔知識及び技能〕を身に付けさせるための授業として，次のような指導過程があります。P-P-P 指導法です。

> 　基本表現の導入（Presentation）
> 　基本表現の確認と練習（Practice）
> 　基本表現の活用（Production）

　この3つの指導過程を意識することです。さらに，もう1つ，P-P-P の後に，どの程度，達成できたかどうかの確認（Check）をするとよいでしょう（P-P-P-C）。いわば，評価です。

　しかし，P-P-P は基本的な指導過程であり，元々，言語は使いながら身に付けるという面もありますので，あくまでも上記の P-P-P に固執することなく，柔軟な指導過程をとるとよいでしょう。小学校で学習する基本フレーズは，以下の本に出ています。参考いただけますと幸いです。

〈参考文献〉
　『小学校英語サポート BOOKS　Small Talk で英語表現が身につく！小学生のためのすらすら英会話』瀧沢広人著（明治図書）

3 目標と指導・評価の一体化はどう捉えればいいの？

「指導と評価の一体化」という言葉があります。しかし実は，その「指導」の前に「目標」があるのを忘れてはいけません。授業の目標が，「道案内をすることができるようにする」であれば，評価は，「道案内をすることができる」と文言が一致していなければいけません。

さらに，その到達度をどのように評価するかの「評価場面・方法」が大事になってきます。そうでないと，正しく評価することができず，児童の定着を目的とした指導はできないからです。つまり，正しい評価活動を行うことが，児童の学力の定着をしっかりと見取ることになるのです。定着を求めるには，指導も大事ですが，やりっぱなしではなく，しっかりとどこまで理解しているのか，どこまで技能が身に付いているのかを評価することが大事なのです。

評価には，3つの観点があります。

1つ目は，「知識・技能」です。これは，「音声や文字」「語彙」「文構造」など，簡単な語句や基本的な表現を理解し，実際のコミュニケーションにおいて活用できる技能を身に付けることを意味します。つまり，知識を得，その知識を得たものが，授業における児童同士のアクティビティ等で，正しく言えることがまず第1です。その後，時を越えて，Small Talk 等でも，学習した表現が言えるようになっていれば，その表現は身に付いていると言えます。

2つ目は，「思考・判断・表現」です。これは，コミュニケーションを行う目的や場面，状況を提示する中で，見取ることができます。例えば，話すことでは，①発話する内容を考え，②それを言語化し，③音声に表し，④うまく伝わっているかどうかのモニターをするという，一連の過程を経て，思いや考えを伝え合う場面や，その場での対話活動により，評価することができます。ここでは，基本的に使用言語は指定しません。児童自らがどのような英語を使ったらいいか自ら考え発話することに意味があります。評価としては，伝わっているかを評価します。つまり，意味の授受に大きな支障を来たすことがなければ，語彙や文構造の正確さは評価の対象とはしません。正しく言えていなくても，意味が通じる範囲内であれば，思考・判断・表現は，評価されるということになります。ここが「知識・技能」と異なる点です。

3つ目は，「主体的に学習に取り組む態度」です。これは2つの視点に分けられ，1つは，「自らの学習を調整しようとする側面」であり，もう1つは，「粘り強い取組みを行おうとする側面」となります。授業中の観察や振り返りカードにより，学習評価します。

このように，指導の出口（評価）をしっかりと教師が意識することは，児童学力を正しく判断することになり，指導計画上，とても大切になってきます。

〈参考文献〉
『単元末テスト・パフォーマンステストの実例つき！小学校外国語活動＆外国語の指導と新学習評価ハンドブック』
瀧沢広人著（明治図書）

4 文字の定着の指導はどうしたらいいの？

小学校外国語活動・外国語で学習させる文字指導は，次の5つだけです。

> ①アルファベットの大文字・小文字が読める。
> ②アルファベットの大文字・小文字が書ける。
> ③簡単な語句や基本的な表現を読んで，意味が分かる。
> ④簡単な語句や基本的な表現を書き写すことができる。
> ⑤例文を参考に，自分のことや身近な事柄について書くことができる。

極端なことを言えば，小学校での文字指導はこの5つをやればよいということになります。

時々，小学校の先生から，「文字指導はどこまでやったらいいのですか」と聞かれることがありますが，基本的には，小学校でやることはその5つだけとなります。

よって，やることはそんなに多い訳ではありません。

本書でも，アクティビティ・シートに，④や⑤の活動を少しずつ入れていくようにしていますが，その程度の活動で，児童にあまり負荷をかけることなく，文字や文を読ませたり，書かせたりしていけばよいのではないかと考えます。

さらに，「読むこと・書くこと」の外国語の目標は，「慣れ親しむ」です。

音声で十分に慣れ親しんだ簡単な語句や基本的な表現を読んだり書いたりすることに，「慣れさせる」ということが，大きな目標と言えます。機会を見つけ，読んだり書いたりする小刻みな学習を重ねていけばよいのではないかと思います。

しかし，留意したいことはアルファベットの大文字・小文字が読めたり，書けたりすることは「定着」だということです。これは小学校の時にやっておかなくてはいけない重要な学習となります。

この「アルファベットの大文字・小文字が読める，書ける」は，正直言って，ハードルが高い学習内容であると考えます。そこで児童を励まし，できたところを誉めながら，**小学校6年生の卒業時には**，読めたり，書けたりできるようにしておきましょう。

そのためには，やはり，小刻みな活動と評価です。

そして，文字を書くことに慣れ親しませ，最終的に大文字26文字，小文字26文字の読み書きができるよう習得させましょう。

別の著者で，アルファベット文字，単語の綴り等に関する遊びを通した英語パズルの執筆を行っています。そちらもあわせてご活用いただき，文字や単語に慣れ親しませてもらえたらと思います。

5 目的や場面，状況を意識した 意味のある言語活動を設定しよう

　小学校外国語活動・外国語の大事な活動の１つとして，「コミュニケーションを行う目的や場面，状況を設定した意味のある言語活動」があります。

　「コミュニケーションを行う目的や場面，状況を設定する」とは，何のためにその言語活動を行うのか，場面や目的，状況をつくり，提示することです。

　例えば，「今までに行ったことのある場所を，I went to Kyoto. It was beautiful. というように，紹介しましょう」というのは，従来の中学校における課題の出し方でした。

　これに，場面，目的，状況を付け足していきます。

場面	新しく来た ALT がゴールデンウィークにどこかに行きたいんだって！
目的	今まで行ったことのある場所で，よかったところを，I went to Kyoto. It was beautiful. のように，紹介してあげましょう。
状況	ただ，ALT には，５歳と３歳の子どもがいます。

　このように，場面をつくると，その**目的が明らかになり**，状況を設定することで，「**相手意識**」が生まれます。

　状況を設定しなければ，もしかしたら，近くの温泉をすすめるかも知れません。

　でももし，ALT に５歳と３歳の子どもがいるとしたら，きっと近場の遊園地や，自然が豊かな場所で，外遊びができるところを紹介するかも知れません。

　また，もし ALT の両親が日本に来ていたら，京都や奈良，日光などの日本らしい場所を紹介するかも知れないですし，温泉かも知れません。

　いずれにせよ，場面と目的，そして状況を示してあげることで，児童の思考力，判断力，表現力等が試され，**意味のある言語活動**となります。

　「思考力，判断力，表現力等」が試させる言語活動を考えることは生みの苦しみともなりますが，場面や状況の中で発する言葉は，意味のある言語表現となります。

　ぜひ，単元末に１回は…という気概で，「思考力，判断力，表現力等」の課題を児童に提示していきましょう。

Chapter2

授業細案でみる！
英語表現
33の指導
アイデア

1 Nice to meet you !　はじめまして
How do you spell your name？　名前はどう綴るの？

・目　標：名前の綴りを尋ねたり，答えたりすることができる。
・準備物：□教師の名前カード　□カード（児童分）　□アクティビティ・シート

名前の綴りを尋ねたり答えたりする学習はアルファベットの学習も兼ねることになります。アルファベットの読み書きは，小学校での必須の学習です。本時で学習した後には，機会あるごとに How do you spell "cat"？のように単語の綴りを尋ね，文字に慣れ親しませるとよいでしょう。

1 導入（5分）

❶ 挨拶後，教師の名前の綴りを黒板に書いて示す。（2分）

T：Hello, class.（**C**：Hello.）

T：How are you？（**C**：I'm good. How are you？）

T：I'm great. I'm Takizawa Hiroto. T-a-k-i-z-a-w-a H-i-r-o-t-o.（と黒板に書く）

❷ 児童の名前の綴りを尋ねる。（3分）

T：What's your name？

C：（口々に言う）

T：What's your name？（と言って，すぐに答えられそうな児童を指名する）

C1：My name is Yamamoto Kenta.

T：Yama... mo....　How do you spell your name？

C1：Spell？

T：Yes. How do you spell your name？　Y-a-m-a....（途中まで黒板に書いていく）

C1：Oh！　Y-a-m-a-m-o-t-o K-e-n-t-a.

T：（教師は聞きながら，黒板に綴りを書く）Y-a-m-a-m-o-t-o K-e-n-t-a.
　　Thank you. Nice to meet you.

C1：Nice to meet you too.

　以下，数名とやり取りを行い，児童の名前を黒板に書き，本時の学習内容に気付かせます。

> \ ポイント /
> 　この時，訓令式とヘボン式のローマ字の違いに留意させつつ，ヘボン式を用いるようにします。
> （例「し」→ shi,「ち」→ chi,「つ」→ tsu,「ふ」→ fu,「じ」→ ji 等）

② 展開（30分）

❶ カードに自分の名前を書かせる。（15分）

教師は自分の名前が書かれたカードを児童に見せながら，次のように投げかけます。

T：Can you write your name in ローマ字？

I am Takizawa Hiroto. This is my name.（カードを見せる）

（表を見せて）Takizawa

（裏を見せて）Hiroto

Can you write your name in Roman letters？

名前を書くカードを配ります。

T：O.K. I'll give you a card. Write your family name on this side,（カードの表面を見せる）and write your first name on this side（裏面を見せる）with a pencil.

With a pencil.（鉛筆を見せる）

\ ポイント /

A４判の画用紙を４等分したカードを１人１枚ずつ配り，名前カードを作成させます。

この時，自分の名前をローマ字で綴れない児童もいることが考えられるため，一度，鉛筆で下書きをさせるとよいでしょう。その後，教師のところに持って来させ，合格をもらった児童は，サインペンで書くようにします。

机間指導を行い，児童の学習状況を把握します。

数分後，書いたカードを持って来させ，ローマ字で正しく書けているか確認します。

T：If you finish writing your name on the card, come to the front and show me.

C2：（下書きを持ってくる）

T：O.K. Perfect！ Trace your name with a marker pen.

❷ 友達の名前と綴りを尋ね合う。（15分）

アクティビティ・シートを配り，やり方を説明します。

T：O.K. Let's interview！ Hi！（近くの児童に声をかける）What is your name？

C1：My name is Yamaguchi Yumi.

T：Yama… oh, it's difficult. How do you spell your name？

C1：Y-a-m-a-g-u-c-h-i Y-u-m-i.

T：Y-a-m-a-g-u-c-h-i Y-u-m-i. Thank you.（児童の方を見て）

　　今，先生，名前の綴りを知りたい時，どんな風に尋ねた？

C：How do you spell your name？

T：Yes！How do you spell your name？Let's say it together.

T&C：How do you spell your name？（黒板に書く）

T：でも，いきなり，名前の綴りを聞くのもおかしいよね。最初に名前を尋ねます。

　　名前を聞く時は…？

C：What is your name？

T：Yes.（黒板に書く）答える時は？

C：My name is ….

〈板書〉

Friday, April 15th, 2020 ☼sunny

What is your name？　／　My name is ….
How do you spell your name？　／　T-a-k-i-z-a-w-a H-i-r-o-t-o.

\ ポイント /

　このように，アクティビティで使う英語を確認してから，次の活動に入るようにします。

　友達の名前を尋ね合う活動を行うため，どのような英語を使って，対話をしたらいいかを理解させておきましょう。

Class Work　児童は立って，自由に友達と対話を行います。

活動を振り返ります。

数名の児童を指名し，自分の名前の綴りが言えるかどうか確認します。

Writing　アクティビティ・シートのミニクイズを考えさせます。

③ まとめ（5分）

振り返りカードへの記入を行い，学んだことなどを発表させます。

アクティビティ・シート　Class（　）　Number（　）　Name（　　　　　　　　　　）

友達の名前やつづりをたずね合おう！

名前	family name（苗字<ruby>みょうじ</ruby>）	first name（名前）

自己評価

①名前のつづりをたずねる表現が分かりましたか。　　　はい　　いいえ　　まあまあ

②名前のつづりをたずねる時以外，How do you spell...？はどんな時に使えますか。

（　　　　　　　　　　　　　　　　　　　　　　　　　　　　　　　　　）

③名前のつづりを言う時に，気をつけたことはどんなことですか。

（　　　　　　　　　　　　　　　　　　　　　　　　　　　　　　　　　）

ミニクイズ　Who am I？（わたしはだれでしょう？）

Hello. I'm エム・アイ・スイー・ケイ・ワイ.

書いてみよう

2 Nice to meet you !　はじめまして
Call me Tacky.　タッキーと呼んで！

・目　標：相手をどのように呼んだらよいのかを尋ねたり，答えたりすることができる。
・準備物：□教師の小学校の頃の写真など　□アクティビティ・シート

友達の名前を，名前で呼ぶ場合と愛称で呼ぶ場合があります。どのように呼んで欲しいのか伝えたり，どのように呼んだらいいのか尋ねたりする表現を学びます。児童の中には，呼ばれたくないあだ名もあることも触れ，友達の好むあだ名を使うよう生活指導を兼ねて授業を行いましょう。

1 導入（10分）

❶ 挨拶を行い，歌を歌い，曜日・日付，天気等を確認後，復習を行う。（5分）

T：What's your name ?

C：My name is Ayaka Ito.

T：How do you spell your name ?

C：A-y-a-k-a I-t-o.

T：A-y-a-k-a I-t-o. Thank you. O.K. Let's review our last lesson. Ask your friends, "How do you spell your name?" I'll give you 3 minutes.

＼ ポイント ／
　授業の最初は，①声の出る活動を行う　②誰でもできることからスタートする　③間違いが許される環境で行う　等の Warm-up としての授業の原則があります。立たせて自由に友達に尋ね歩かせることで，人前での間違い等の不安を減少させ，安心して授業に取り組むことができます。

❷ 教師の幼い頃の愛称を紹介する。（5分）

　Teacher's Talk　子どもの頃の写真を見せながら，教師の愛称を話題にします。

T：Look at this picture.

C：わあ～～～。（興味津々に見る）

T：This is a picture when I was 5 years old. My nickname was Hiro-tan（ひろたん）.

C：Hiro-tan.

T：Yes. Look. This is a picture when I was an elementary school student.
　　My nickname was Hippe（ひっぺ）.

C：Hippe.

T：Then, look at this. This is a picture when I was a university student.

（空手をやっている写真を見せる）

C：わ〜〜〜。

T：My nickname was Tacky（たっきー）.

C：Tacky.

T：Yes. Then look. This is a picture now. Teachers call me Taki-chan（たきちゃん）.

C：（笑いながら）Taki-chan.

T：Don't call me Taki-chan. Call me Takizawa *sensei*.

（と言って，　Call me 〜.　というカードを黒板に貼る）

\ ポイント /

　　児童は，先生の私生活や素顔を知ったり見たりすることに，大変興味をもちます。写真を見せながら，普段見せている顔を違った面を児童に見せてあげましょう。

---

2 展開（25分）

❶ 何と呼ばれたいか尋ねる。（5分）

　児童に質問します。

T：Hello.

C1：Hello.

T：What is your name ?

C1：My name is Minami Yuki.

T：Minami Yuki *san*. What can I call you ?

C1：え ?

T：What can I call you ? …（黒板の　Call me 〜.　を指さして）

C1：Call me Yuki.

T：O.K. Yuki.

　このように，数名に尋ねていき，Call me…. の表現に慣れ親しませていきます。

　言われたくないあだ名がある友達もいることを伝えます。

T：今，「何人かにどんな風に呼んだらいいですか」と尋ねました。もし嫌なあだ名があったら，Don't call me …. 「〜と言わないでね」と Don't をつければいいです。友達が嫌がるあだ名は，言わないようにしましょうね。

② 何て呼んだらいいか，尋ねる。（20分）

　アクティビティ・シートを配り，やり方を説明します。

T：O.K. Let's interview！ Hi！（と言って近くの児童に声をかける）What is your name？

C1：My name is Goto Genta.

T：Goto Genta. What can I call you？

C1：Call me Genta.

T：How do you spell Genta？

C1：G-e-n-t-a.

T：G-e-n-t-a.（アクティビティ・シートに書く）Genta.

　　　（げんた君に，質問するように促す）Ask me.

C1：Hello. What's your name？

T：My name is Takizawa Hiroto.

C1：What...（**T**：can I call you？）can I call you？

T：Call me Tacky！

C1：How do you spell Tacky？

T：T-a-c-k-y.

C1：T-a-c-k-y.

T：Bye.

〈板書〉

> あいさつをする。
> 名前をきく。
> なんてよんでいいかきく。
> つづりを確認する。

　Class Work　児童は立って，自由に友達と対話活動を行いアクティビティ・シートに記録
　　　　　　　していきます。

　個別に What can I call you? と質問を投げかけ，達成度を確認しましょう。

　Writing　アクティビティ・シートのミニクイズに答えさせます。

③ まとめ（5分）

　振り返りカードへの記入を行い，学んだことなどを発表させます。

アクティビティ・シート　Class（　）　Number（　）　Name（　　　　　　　　）

どうよんだらいいか，友達とたずね合おう！

名前	どのようによんだらいいか

自己評価　　　　　　　　　　　　　　　　3…はい　2…まあまあ　1…ダメ

①どのようによんでほしいか伝える表現が分かりましたか。　　　3　　2　　1

②今までに習った英語を使いながら，友達と伝え合いましたか。　3　　2　　1

③どんなふうによんだらいいかたずね合う時に，気をつけたことはどんなことですか。

[　　　　　　　　　　　　　　　　　　　　　　　　　　　　　　]

ミニクイズ　わたしはだれでしょう？

Call me　ケイ・エイ・ティー・エス・ユー・オウ.

書いてみよう　[　　　　　　　　]

Hello, everyone !　自分を紹介しよう！
I like watermelons.　好きなものを紹介しよう

・目　標：好きなものを尋ねたり，答えたりすることができる。
・準備物：□果物の絵カード　□野菜の絵カード　□アクティビティ・シート

like

を用いた表現は，小学校３年生から何度も何度も触れ，最も慣れ親しんでいるフレーズであるでしょう。そんな音声で十分に慣れ親しんでいる語句や表現は，児童の知的な好奇心に応じるためにも，読んだり，書かせたりする活動を積極的に取り入れていきます。

1 導入 （15分）

❶ 挨拶を行い，歌を歌い，日付，天気などの確認の後，「果物」の単語を確認する。（8分）

T：What's this ?

C：Apple.

T：Good.（黒板にりんごの絵カードを貼る）What's this ?

C：Orange.

T：Yes. It's an orange.（と言いながらオレンジの絵カードを黒板に貼る）

　　果物の名前をテンポよく言わせ，絵カードを黒板に貼っていきます。

❷ ミッシング・ゲームを行う。（3分）

T：Go to sleep.（**C**：児童は顔を机に伏せる）

T：（教師は１枚，果物のカードを取る）Wake up.（**C**：児童は顔をあげる）

T：分かった人は黙っっ〜〜て手をあげます。What's missing ?（**C**：児童は手をあげ始める）

T：（おおよそ約半数以上，手があがったら）What's missing ?　One two...

C：Watermelon !

T：Good !

> ＼ ポイント ／
> 　ミッシング・ゲームは，児童も３年生，４年生の外国語活動で，経験してきていると思われますので，比較的スムーズに活動できるかと思います。この活動により，リピートではない，自分から語彙を発するという活動となり，児童の語彙表現力を確認することができます。

❸ 野菜の絵カードを見せ，英語で言わせていく。（4分）

　果物の時と同じように，今度は野菜の絵カードを見せ，英語で言わせ，どの程度理解しているかを確認していきます。

T：What's this ?

C：It's a tomato.

T：What's this ?

C：It's a cucumber.

　黒板は次のように，左側に果物の絵カード，右側の野菜の絵カードが貼っている状態です。

〈板書〉

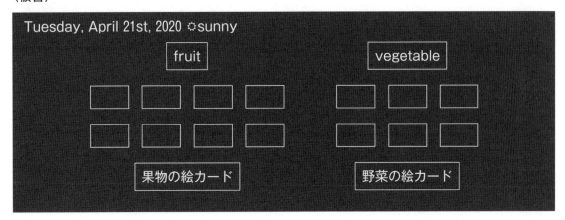

❷ 展開（20分）

❶ 教師の好きな果物や野菜，好きでない果物や野菜を話す。（5分）

　Teacher's Talk　好きな果物，好きでない果物の話をします。

T：Look at the blackboard.

　　These are fruits.（果物を指す）These are vegetables.（野菜を指す）

　　What fruit do you like ?

C：I like apples.

T：You like apples ? I like apples too. I go to apple picking to Gunma every year.

　　They are sweet and juicy.　I like banana too. I eat a banana when I'm hungry.

　　I like many fruits, but my favorite fruit is watermelons. They are sweet and juicy.

　　I don't like lemons. They are very sour.

　□□□の語は，必要に応じ黒板に貼っていくと，味を表わす単語が確認できます。

好きな野菜，好きでない野菜の話をします。

T：Look at the vegetables. I like vegetables too. I eat many vegetables because they are healthy. I like lettuce, egg plants, green peppers, cucumbers, tomatoes, potatoes. I like many vegetables, but I don't like celery and white asparagus. Do you like celery ?

C：No.

T：Do you like asparagus ?

C：Yes.

\ ポイント /

　好きかどうかを伝えたり，質問したりする時は，I like apples. のように，名詞はたいてい複数形にします。しかし，celery（セロリ）も asparagus（アスパラガス）も，どちらも**数えられない名詞**ですので，s や es をつけての複数形にはしません。

---

❷ 好きな果物や野菜を尋ね合う。（15分）

　アクティビティ・シートを配り，やり方を説明します。

T：給食のメニューを考える栄養師さんと話していたら，今の小学5年生がどんな野菜や果物が好きで，どんな野菜や果物が苦手か知りたがっていました。そこで今日は，好きな野菜や果物を調査したいと思います。

　Demonstration. Any volunteers ?

C1：Yes !

T：Come to the front.（児童が前に出てきたら）Hello.

C1：Hello.

T：What vegetables do you like ?

C1：I like tomatoes and cabbage.（**T**：トマトとキャベツの絵の下に〇を描く）How about you ?

T：I like eggplants, carrot, green peppers, and onions. （**C1**：絵の下に〇を描く）

　Class Work　児童は立って，好きな野菜を尋ね合います。

　Writing　活動後，アクティビティ・シートに好きな野菜，好きではない野菜を書いていきます。

---

❸ まとめ（5分）

　振り返りカードへの記入を行い，学んだことなどを発表させます。

アクティビティ・シート　Class （　） Number （　） Name （　　　　　　　）

好きな野菜のベスト３は何かな？

★どんな野菜が好きか友達に聞きましょう。また，好きじゃない野菜があったらそれも伝えましょう。好きなものには（　）に「正」の文字で人数を記録し，（　）のとなりに好きでないと言った人の数を「正」の文字で書きましょう。

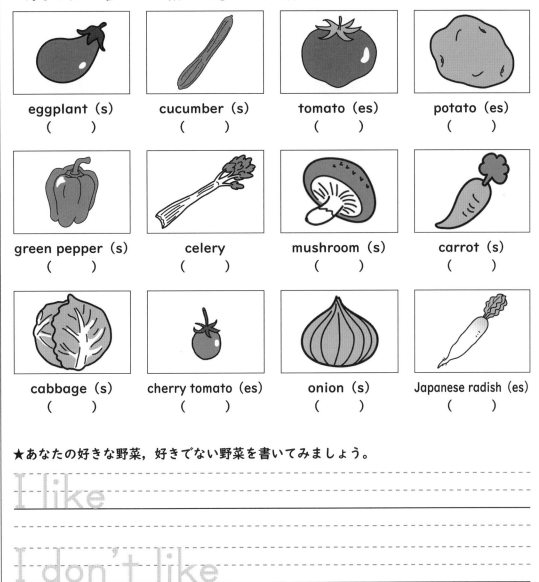

eggplant （s）
（　　　）

cucumber （s）
（　　　）

tomato （es）
（　　　）

potato （es）
（　　　）

green pepper （s）
（　　　）

celery
（　　　）

mushroom （s）
（　　　）

carrot （s）
（　　　）

cabbage （s）
（　　　）

cherry tomato （es）
（　　　）

onion （s）
（　　　）

Japanese radish （es）
（　　　）

★あなたの好きな野菜，好きでない野菜を書いてみましょう。

I like

I don't like

2 Hello, everyone！ 自分を紹介しよう！
I have a guitar. 持っているものを紹介しよう

・目　標：持っているものを尋ねたり，答えたりすることができる。
・準備物：□身近な物の絵カード　□ゲーム用カード　□アクティビティ・シート

> have.... （～を持っている），Do you have ...? （～を持っていますか），What do you have？
> （何を持っていますか）の表現は，小学校4年生で学習してきます。5年生では，それらの表現に
> 習熟するとともに，書くことにも慣れ親しむようにさせていきます。

1 導入（10分）

❶ 挨拶を行い，歌を歌い，曜日・日付，天気等を確認する。（4分）

❷ 「身近な物」の単語を確認する。（6分）

Teacher's Talk　本時の学習につなげるよう，身近なものを導入していきます。

T：What's this？

C：Car.

T：Yes. It's a car.（黒板にカードを貼る）Do you have any cars in your family？

C：Yes, I do.（手をあげる）

T：How many cars do you have in your family, C1？

C1：Three.

T：Three！ Who has a car？

C：Grandfather, Father and Mother.

T：Wow！ Great！ What's this？

C：It's a cat.

T：Yes. It's a cat.（カードを黒板に貼る）Do you have a cat？

C：Yes, I do.（手をあげる）

T：How many cats, C2？

C2：Two cats.

T：Oh, you have two cats. What's this？

C：Racket.

T：Yes. Do you have a racket？ Tennis racket... table tennis racket... badminton racket.

C：I have a badminton racket.

このように児童とやり取りを行いながら，身近な物の絵カードを黒板に貼っていきます。

〈板書〉

| 動　物 | 犬(dog) | ネコ(cat) | ハムスター(hamster) | 鳥(bird) |

| 乗り物 | 車(car) | 自転車(bike) | 一輪車(unicycle) | ボート(boat) |

| 楽　器 | ピアノ(piano) | ギター(guitar) | バイオリン(violin) | たて笛(recorder) |

| スポーツ | バット(bat) | 野球ボール(baseball) | グローブ(glove) | ラケット(racket) |

| その他 | 携帯電話(mobile phone) | 漫画本(comic book) |
| | パソコン(computer) | ぬいぐるみ(stuffed animal) |

2 展開（25分）

❶ ゲームを行う。（20分）

動物や乗り物，楽器，スポーツ用品などの絵が描かれたカードを１人６枚ずつ配ります。
あらかじめゲーム用カードを，ジッパー袋に６枚ずつ入れておき，それを渡すとよいです。
やり方を説明します。

T：Let's play the game.　Hello.（と言って，近くの児童に声をかける）

C：Hello.

T：Rock, scissors, paper. One, two, three. I win.（I'm a winner.）　Do you have a dog ?

C：No, I don't.

T：Do you have a stuffed animal ?

C：No, I don't.

T：Do you have a bike ?

C：No, I don't.

T：Do you have a piano ?

C：Yes, I do.

T：Give me the piano.

C：（ピアノのカードを教師に渡す）

T：Thank you. Bye !　というように，相手の持ってるカードを当てることができたら，その

〈やり方〉
①ジャンケンする。
②勝った人は，Do you have～？と相手の
　持っているものを当てる。
③当たったら，そのカードがもらえる。
④質問は５回まででき，その中で　１回でも
　当たった時点で終了となる。
⑤持っているカードによりポイントが入る。

カードがもらえるというゲームです。ただし，質問ができるのは5回までです。

5回質問しても，当たらなかったら，そこで終わりです。

ルールを確認します。

T：やり方を確認します。まずジャンケンをします。勝った人は5回まで質問することができます。その5回のうちに1回でも当たったら，そのカードがもらえます。だから3回目で当たったら，そこで Good bye. です。ポイントをたくさんゲットしてきてください。

Class Work 約5分間ゲームを行います。

得点について発表します。

T：カードですが，同じカードが2枚ある人いますか。 　**C**：はい。

T：何のカード？ 　**C**：自転車。

T：自転車が2枚あるんですね。同じカードを2枚持っていると，ワンペアといって，10点となります。同じカードが3枚ある人？　これはいないかな。3枚だとスリーカードで，30点です。6枚のうち4枚が同じ種類の人いる？

例えば，違う種類の動物が4つあるとか…。これは，最も得点が高くて100点です。

One Pair（2枚が同じ）・・・・・・・・・・・・・・・・・・・・・・・・・・・・・・・・・・10点
Two Pair（同じカードが2枚を2つ）・・・・・・・・・・・・・・・・・・・・・20点
Three Cards（3枚が同じ）・・・・・・・・・・・・・・・・・・・・・・・・・・・・・30点
Straight（同じ種類のものが6枚）・・・・・・・・・・・・・・・・・・・・100点

＼ ポイント ／
このように得点化することで，児童は欲しいカードを，目的をもって尋ねることになります。

ゲーム2回戦を行います。

得点を集計します。

❷ 自分や家族が持っているものを書いてみる。（5分）

Writing アクティビティ・シートに，自分が持っているものを書いてまとめとします。

❸ まとめ（5分）

振り返りカードへの記入を行い，学んだことなどを発表させます。

あなたが持っているものは何かな？

★あなたが持っているものと持っていないものを１つずつ書きましょう。

dog	cat	hamster	bird
car	bike	unicycle	boat
piano	guitar	violin	recorder
bat	ball	glove	racket
mobile phone	comic book	computer	stuffed animal

I have

I don't have

3 Hello, everyone !　自分を紹介しよう！
I want a violin.　欲しいものを紹介しよう

・目　標：欲しいものを尋ねたり，答えたりすることができる。
・準備物：□教師の欲しい物の写真や絵　□アクティビティ・シート

want ....（〜が欲しい），What do you want？（あなたは何が欲しいですか）の表現を，児童は主に，小学校4年生で学習します。5年生では，それらの表現に習熟するとともに，書くことにも慣れ親しむようにさせましょう。

1 導入（15分）

❶ 挨拶を行い，歌を歌い，曜日・日付，天気等を確認する。（5分）

❷ 欲しいペットを尋ねる。（10分）

　Teacher's Talk　ペットを話題にした Small Talk を行います。

T：What's this ?

C：Dog.

T：Yes. It's a dog.（黒板にカードを貼る）Do you have a dog ?

C：Yes, I do.（手をあげる）

T：How many dogs do you have, C1 ?

C1：One.

T：ワン．（**C**：笑い）What' this ?

C：It's a cat.

T：Yes. It's a cat.（カードを黒板に貼る）Do you have a cat ?

C：Yes, I do.（手をあげる）

T：How many cats, C2 ?

C2：Two cats.

T：Oh, you have two cats.

　本時のねらいに迫っていきます。

T：Look at this.

C：Hamster.

C：Cute.

T：Yes, it's a hamster. It is cute. Do you have hamsters ?

C1：No.

T：What pet do you have ?

C1：Pet ? No.

T：You have no pets. Do you want a hamster ?

C1：No.

T：What do you want ?

C1：I want a dog.

> \ ポイント /
>
> このように，Do you have ...? の質問に対して，No. と返答があった場合，Do you want ...? と尋ね，それでも No. という返答ならば，What do you want ? と尋ね，欲しいものを言わせるようにします。ペットは欲しくない場合は，I don't want a pet. という表現を指導します。

② 展開（20分）

❶ 教師が今欲しいものを英語で児童に伝える。（8分）

T：Do you have any pets ? I don't have any pets. I don't like big animals.

Small animals are O.K. I like hamsters and fish, but I don't want any pets, because I like taking a trip. I often go out.

I want new shoes now. My shoes are very old. I want new shoes.

I like reading so I want books.

I like sweets. I like *daifuku*, chocolate, ice cream. I have no ice cream at home.

I want ice cream. Well..., oh, yes. I want *shichirin*（七輪）.（写真を見せる）

I want to do 一人バーベキュー in my garden. I want *shichirin* and I want to eat *yakiniku*.

What do you want ?

〈板書〉

Friday, April 26th, 2020 ☁ cloudy
ペットの絵　　靴の絵　　本の絵　　アイスの絵　　七輪の絵

❷ 欲しいものを尋ねたり，答えたりする。（12分）

アクティビティ・シートを配り，やり方を説明します。

T：Hello.

C1：Hello.

T：Do you have a dog?

C1：No, I don't.

T：Do you want a dog?

C1：Yes, I do.

T：（シートに書く）Big dog? Small dog?

C1：Small dog. What pet do you want?

T：I don't want a pet.

C1：What do you want?

T：I want *shichirin* and new shoes.

C1：*Shichirin* and new shoes.（と言いながら，日本語で書く）

T：What do you want?

C1：I want a bag.

T：（シートに書く）こんな風に，ペットの話題で友達と30秒間話をしましょう。反応表現を入れたり，繰り返したり，質問したり，感想を言ったりしましょう。

〈板書〉

Pair Work　ペアで尋ね合います。

教師がスタートの合図を出し，約30秒で，ペアを変えるように指示します。

Writing　アクティビティ・シートの短冊に欲しいものを英語で書き，願います。

3 まとめ（5分）

振り返りカードへの記入を行い，学んだことなどを発表させます。

ほしいものはな〜に？！

★友達とほしいものをたずね合いましょう。

名前	ペットでほしいもの	その他・ほしいもの

★七夕の短冊にほしいものを書いて，お願いしましょう。夢がかなうかも…！

● I want

自己評価　　　4　できた　3　どちらかというとできた　2　どちらかというとできない　1　できない

①ほしいものをたずねたり答えたりすることができましたか。　　　4　　3　　2　　1

②自分のほしいものをていねいな字で書けましたか。　　　4　　3　　2　　1

③今日の学習でがんばったことを書きましょう。

[　　　　　　　　　　　　　　　　　　　　　　　　　　　]

4 Hello, everyone！　自分を紹介しよう！
I play tennis.　するスポーツを紹介しよう

・目　標：するスポーツを尋ねたり，答えたりすることができる。
・準備物：□スポーツの絵カード　□Teacher's Talk で使う写真　□アクティビティ・シート

play....（〜をする）や What sport do you play？（どんなスポーツをしますか）は，小学校4年生で学習してきます。小学校5年生にもなると，地域のスポーツチームに所属している児童もいるでしょう。スポーツを通した友達理解を促していきましょう。

1 導入（15分）

❶ 挨拶を行い，歌を歌い，曜日・日付，天気等を確認する。（4分）

❷ スポーツ名を確認する。（5分）

絵カードを見せながら，スポーツ名を児童に言わせます。

T：Look at this. What sport is this？

C：Soccer.

T：Good. What sport is this？

C：It's tennis.

その後ミッシング・ゲームを行い，授業のウォーミング・アップとします。

❸ 教師のスポーツ歴を紹介する。（6分）

Teacher's Talk　教師がやっていたスポーツを話題にし，教師の人となりを語ります。

T：Hello. Who is this？ This is me.　This is a picture when I was a university student.
　　I practiced *karate*.（空手をやっている写真を貼る）
　　This is a picture when I was a junior high school student.
　　I played soccer at junior and high school.（サッカーをやっている写真を貼る）
　　When I was an elementary school student, I played baseball and table tennis.
　　（写真がないので，絵カードを貼る）
　　Now, I don't play any sports. I'm old and soon get tired.　Do you play any sports？

C1：Yes. Baseball.

T：Oh, you play baseball. Are you a good baseball player？

C1 : Yes.

T : What is your position ?

C1 : Pitcher.

T : Nice. What sports do you play, C2 ?

C2 : I don't play sports.

T : O.K. What do you like ?

C2 : I like games.

T : Video games ?　Online games ?

C2 : 両方とも。

T : Video games and online games.

C2 : Yes.

\ ポイント /

　Teacher's Talk では，教師の体験などの話をしながら，その話題に関する内容で児童と対話し，お互いがコミュニケーションを図り，本時の学習で使用する表現などを提示する場面です。コミュニケーションですから，児童の発言に対して，驚きや感心したことなど，素直に気持ちを表すことが大事です。

② 展開（20分）

❶ するスポーツを尋ねたり，答えたりする。（20分）

　アクティビティ・シートを配り，やり方を説明します。（5分）

T : Hello.

C1 : Hello.

T : Do you play any sports ?

C1 : No, I don't.

T : What do you like ?

C1 : I like books.

T : You like reading books.（シートにメモをする）

C1 : Yes. Reading books. What sports do you play ?

T : I don't play any sports now.

C1 : What do you like ?

T : I like *onsen.*

C1 :（シートに温泉と書く）Nice.

T：Do you like *onsen*?

C1：No, I don't. けど，時々行く。

T：Sometimes you go to *onsen*?

C1：Yes.

〈板書〉

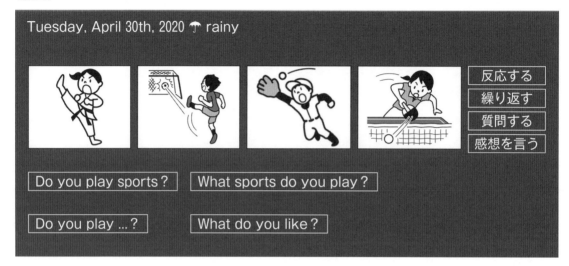

Tuesday, April 30th, 2020 ☂ rainy

反応する
繰り返す
質問する
感想を言う

Do you play sports?   What sports do you play?

Do you play …?   What do you like?

Pair Work　ペアでやり取りを行います。

　教師がスタートの合図を出し，約30秒で，ペアを変えるように指示します。

C1：Hello.	**C2**：Hello.
C1：How are you?	**C2**：I'm good. How are you?
C1：I'm great. What sports do you play?	**C2**：I play basketball.
C1：You play basketball?	**C2**：Yes. How about you?
C1：I don't play sports.	**C2**：What do you like?
C1：I like cooking.	**C2**：Great!

　ペアを変え，2人目を行わせます。これを数回繰り返します。

Writing　するスポーツまたは，好きなことを英語で書きます。

3 まとめ（5分）

　振り返りカードへの記入を行い，学んだことなどを発表させます。

クラスのみんなはどんなスポーツをするのかな？

★友達とスポーツの話題で話をしましょう。分かったことを表にメモしましょう。

Name（名前）	するスポーツ	その他，好きなこと等

スポーツ

soccer

baseball

basketball

volleyball

tennis

badminton

table tennis

judo

karate

dodgeball

softball

kendo

★あなたのするスポーツまたは好きなことを書いてみましょう。

_____

1

When is your birthday？　誕生日はいつ？
What is the date today？　今日は何日？

・目　標：月名の言い方を知り，そのいくつかは言えるようにする。
・準備物：□月名の絵カード（12か月分）　□アクティビティ・シート

日付の学習は，児童にとって困難度の高い内容です。まず月名が日本語とは全然違います。日本語では数字を使って，１月，２月，３月…と言い表しますが，英語では，January, February, March…と，月名それ自体を覚えなくてはいけません。もう１つは，日にちは序数を使うということです。この２つが困難度をあげています。第１時では月名を知るという目標となります。

1 導入（15分）

❶ 「月名」の単語を導入する。（5分）

T：What is the date today ?

C：It's May 15th.

T：Yes, it's May 15th. In May, we have national holidays. We have 憲法記念日 .
　　When is 憲法記念日 ？（と言って５月のカレンダーを見せる）

C：May … 3rd.

T：Yes. We have 憲法記念日 on May 3rd. And … we have ….

C：子供の日 .

T：Yes. 子どもの日 . Children's Day. When is it ? When is Children's Day ?

C：May 5th.

T：Yes, it's May 5th. And one more national holiday.

C：あっ. May 4th.

T：Yes ! What day is May 4th ?

C：みどりの日 ?

T：Great ! Greenery Day. We have Greenery Day on May 4th.
　　Today, we are going to study 月名 in English.

❷ ６月から４月までの言い方を教える。（10分）

　その月の特徴を表している絵カード（例：６月は☂の絵カード）を見せながら，何月であるか児童に推測させながら，月名を導入します。

T：（6月らしく，☂の絵カードを見せて）Look at this picture. What month is this ?

C：June.

T：Why ?

C：Rainy.

T：Yes. We have rain in June.（と言って，黒板にその絵カードを貼る）

What month is it ?（と言って，海で泳いでいる絵カードやスイカを食べている絵カード）

C：8月！

T：Yes. It's … August. We can swim in the sea in August. We can enjoy eating watermelons.

It's August.（と言って，数回繰り返し，月名に気付かせます）

Then, what month ?（クリスマスの絵カード）

C：12月。

T：December. Right. We have Christmas in December.

\ ポイント /

　このように，その月の特徴を表している絵カードを，6月，8月，12月…と順番はバラバラに見せて絵から推測させ，月名を聞かせます。まずは，聞くことからスタートです。

〈板書〉

Tuesday, May 15th, 2020 ☼ sunny

| 1月 | 2月 | 3月 | 4月 | 5月 | 6月 | 7月 | 8月 | 9月 | 10月 | 11月 | 12月 |

2 展開（20分）

❶ 月名の発音練習をする。（7分）

T：（1月を指さし）January.　　**C**：January.

T：（2月を指さし）February.　　**C**：February.

このように，12月まで音を教えていきます。

❷ 歌で月名に慣れ親しむ。～「Ten Little Indians」のメロディーで～（3分）

　月名のようにどうしても覚えなくてはいけないものは，何度も触れることによってだんだんと覚えていく方法と，歌やメロディーで音感として覚えていく方法，それから何度も言って暗記するという方法などがあります。今回は，Ten Little Indians のメロディーで，月名を順番に言って頭に残していく方法を取りたいと思います。

T：O.K. Let's sing a song. The Month of the Year.

　　（歌を歌う）

❸ 月名での気付きを発表させる。（5分）

T：何か気付いたことある？

C1：9月から12月までは，最後に，「バー」と言っている。

T：すごい！　いいところに気付きましたね。September. October. November. December. 全部「バー」がついているね。他には？

C2：4月1日は，エイプリルフールだから，4月はエイプリルと言うのだと思いました。

T：うん。そうだね。4月は，エイプリルフールのエイプリルだね。

C3：となりのトトロで，メイちゃんとさつきがいたけど，英語で5月は May で，日本で5月を「五月（さつき）」とも言うから，そこからついたのかな？

C4：そうならば，ぼくの名前は，「純」だけど，6月に生まれたから「ジューン」なのかな？

T：面白いね。家に帰って聞いてみたら…。他にはある？　月名の謎！？

C5：October って，10月だよね。Oct（オクト）って，octopus のオクト？ タコから来ているのかな？

C6：そもそも，日本語では1月2月…と数字で言っているけど，英語は1つ1つの月名に名前がついている。他の外国語ではどうなのかな？

T：みんなすごいところに気が付くね。自学などで，調べてみると面白いかもね。 じゃ，もう一度，発音していきましょう。Repeat after me.

❹ 月名を振り返る。（5分）

　アクティビティ・シートを配布し，1月から12月までを英語で言う練習を個人で行わせます。

３ まとめ（5分）

　振り返りカードへの記入を行い，学んだことなどを発表させます。

英語の月名　１月〜12月まで覚えよう！

★言えるようになった月名は，□に☑を入れましょう。

★いくつ言えるようになりましたか？

2 When is your birthday?　誕生日はいつ？
What day is August 11th?　8月11日は何の日？

・目　標：序数を理解し，日付を言うことができる。
・準備物：□運動会等の順位の分かる写真等　□カレンダー　□アクティビティ・シート

日付の学習では，月名と序数を知らなくてはいけません。本時は，順番を表す序数を導入し，それを日付でも使うことを児童に理解させます。

1 導入（15分）

❶ 挨拶を行い，歌（月名の歌）を歌い，曜日，日付，天気などの確認をする。（3分）

❷ 「序数」について気付かせる。（2分）

T：This is a calendar of this month.　What is the date today?

C：It's May 22.

T：Yes, it's May 22nd.（もう一度繰り返して）May 22nd.　何か気付いたことない？

C1：22をトゥエンティ何とか…って言っていた。

C2：トゥエンティセカンドじゃない？

T：Yes. It's May… 22nd.　トゥエンティトゥーじゃないんだね。
　　今日は，日付の言い方を学びましょう。

❸ 順番を表す「序数」について指導する。（10分）

　パワーポイント等で運動会または陸上競技の写真をスクリーンに映し出し，1位，2位，3位は誰か，児童とのやり取りの中で，序数を扱っていきます。

T：Look at the picture. Who is the first?
　　Can you find that?

C：The left runner.

T：The left runner. Yes, she is the first.
　　Who's the second?

C：The right girl.

T：Yes. Who is the third?

　同じように順番を言い表す時の表現が使える写真を2～3枚用意し，児童に first, second,

third, fourth という序数をたくさん聞かせた後，次のように聞いていきます。

T：何か気付いたことある？

C1：日本語では，１位，２位，というように，「位」をつけて言っているけれど，英語では，１位は，first で，２位は second，というように，月名と同じように特別の言い方があると思いました。

C2：１，２，３は，特別な言い方があるけれど，４は，four という単語に「ス」という音がついている。

T：そうなんですね。日本語では，月の名前と同じように，順番を表す時に，数字を使って，１位，２位，３位，とか，１番目，２番目，３番目，というように，「位」とか「番目」という言葉をつけていますが，英語では，１番目は…？

C：First.

T：そうですね。first. ２番目は…？

C：Second.

T：３番目は…？

C：Third.

T：４番目は？

C：Fourth.

T：というように，４からは基本的に数字を使っているんですが，１，２，３は，特別な言い方があるんですね。これを，順番を表す言葉で，「序数」と言い，日付を言う時にも使います。だって，５月１日は，５月の１番目の日…という意味でしょ。

2 展開（20分）

❶ 序数の発音練習をする。（10分）

５月のカレンダーを見せながら，序数の言い方を練習していきます。

T：（５月１日を指さし）First.　　**C**：First.

T：May first.　　**C**：May first.

T：（５月２日を指さし）Second.　　**C**：Second.

T：May second.　　**C**：May second.

\ ポイント /

序数「5」「8」「12」「20」「21」「22」「23」「25」「30」「31」の発音に気を付けさせます。

〈特に気を付けたい序数〉

5…fifth（ファイブ・スではない＝<u>フィフ</u>・ス）

8…eighth（エイト・スではない＝エイス）

12…twelfth（トゥエルブ・スではない＝トゥエル<u>フ</u>・ス）

20…twentieth（トゥエンティ・スではない＝トゥエニエス）

21…twenty-first（＝トゥエンティ・ファースト）

22…twenty-second（＝トゥエンティ・セカンド）

23…twenty-third（＝トゥエンティ・サード）

25…twenty-fifth（＝トゥエンティ・フィフス）

30…thirtieth（＝サーティエス）

31…thirty-first（＝サーティ・ファースト）

❷ **行事と日付を線で結ぶ。（10分）**

アクティビティ・シートを配り，日本の行事と日付を線で結ばせます。この活動は，文字を読み慣れ親しむと同時に，その後の発話により，日付を言うことに慣れ親しむことも目的としています。

最初の1つだけ一緒に行い，やり方を説明します。

T：We have many events in Japan. We have Christmas. When is Christmas？

C：December.

T：Right. December... when？

C：25th.

T：Good. 25th. O.K. Connect the dots.（と言って，線で結ばせる）

個人で考えさせ，線で結ばせます。

T：I'll give you 5 minutes, so connect all the dots.

> \ ポイント /
> 　教師は，机間指導しながら，児童の学習状況の確認と，文字を読むことへの意欲をもたせるために，少しでもできていたら誉めたりするようにします。

答え合わせを行います。

3 まとめ（5分）

振り返りカードへの記入を行い，学んだことなどを発表させます。

日本の行事はいつ？　何月何日？

★次の行事は、何月何日に行われますか？　線で結んでみましょう。

7,5,3 festival	・　・	November	15th
Star Festival	・　・	January	1st
setsubun	・　・	February	7th
New Year's Day	・　・	July	3rd
Children's Day	・　・	December	3rd
Mountain Day	・　・	March	5th
Girl's Day	・　・	May	25th
Christmas	・　・	August	11th

3 When is your birthday？　誕生日はいつ？
When is your birthday？　あなたの誕生日はいつ？

・目　標：誕生日を尋ねたり，答えたりすることができる。
・準備物：□ふなっしーの写真　□月名の絵カード　□アクティビティ・シート

誕　生日は，私達にとって，大切な特別な日の１つです。第１時（月名），第２時（日にち）の学習の積み重ねがあると，本時の「誕生日」を言う言い方は，そんなに難しくはありません。１つ山を登り終えたと思ってください。

1 導入（15分）

❶ 挨拶を行い，歌（月名の歌）を歌い，曜日，日付，天気などの確認をする。（3分）

❷ 「月名」「序数」の復習をする。（12分）

月名を復習します。

黒板に絵カードを貼りながら，月名の言い方を確認していきます。

T：What month is it？（４月の絵カードを見せる）　　　**C**：April.

T：Good. It's April.（黒板に貼る）

T：What month is it？（12月の絵カードを見せる）　　　**C**：It's December.

ミッシング・ゲームをします。（p.20）

月名を繰り返し，慣れ親しんでいるか確認します。黒板にバラバラに月名のカードが貼ってあるので，順番に並び替えながら，発音練習を兼ねます。

T：Repeat. July.　　　**C**：July.

T：（July の絵カードを黒板の真ん中ら辺に貼る）

> \ ポイント /
> 　１月から12月まで順番になるように黒板に貼れたら，今度は１月から順番に繰り返させたり，児童だけで言わせたり，歌でメロディーに乗せながら歌ったり，変化をつけながら繰り返し言うことに慣れさせます。

序数を用いたやり取りを行います。

前時に使った絵カードを見せながら，日付の言い方を復習します。

T：This is Christmas. When is Christmas？　　　**C**：December 25th.

T：Good. December 25th. Repeat. December 25th.　**C**：December 25th.

T：25th.　**C**：25th.

T：When is Star Festival ?　**C**：July … 7 th.

T：Right. July 7 th.

2 展開（20分）

❶ ふなっしーの誕生日はいつか尋ねる。（7分）

ふなっしーの誕生日を当てます。

T：Who is this ?

C：ふなっしー。

T：Yes. This is Funashi. Where is he from ?

C：Chiba.

T：Right. He lives in Chiba. He is a character who can talk. When is his birthday ?

C：I don't know.

T：I'll give you hints.　Choose the answer.

　　A.　May 3 rd.　　B.　July 4 th.　　C.　July 21st.　　D.　November 6 th.

C：（児童は考える）

答えを1つ選び，手をあげさせます。

T：O.K. Choose one and raise your hands.

　　A.　May 3 rd.（児童は手をあげる）　　B.　July 4 th.（児童は手をあげる）

　　C.　July 21st.（児童は手をあげる）　　D.　November 6 th.（児童は手をあげる）

T：This is ふなっしー. なっしー（黒板に，7・4と書く）The answer is B. July 4 th.

C：（当たった児童は喜ぶ）

\ ポイント /

　いきなり児童の誕生日を扱うのではなく，最初は第三者（他者）を客観的に扱い，本時のねらいの導入とします。この他にも，のび太（8月7日），ジャイアン（6月15日），カツオ（3月11日）など，キャラクターを用いて，誕生日クイズを行うこともできます。

〈参考文献〉『小学校英語サポートBOOKS　導入・展開でクラスが熱中する！小学校英語の授業パーツ100』瀧沢広人著（明治図書）

選択肢の秘密を告げます。

T：A … May 3rd . It is my wife's birthday.

　　　C … July 21st. It is my older daughter's birthday.

　　　D … November 6th. It is my younger daughter's birthday.

C：先生は？　誕生日はいつですか。

T：Ask me in English.

C：When … is your birthday ?

T：My birthday is January 19th. When is your birthday ?

C1：My birthday is December 3rd.

T：Oh, it's Chichibu Night Festival.

❷ 誕生日はいつ？と尋ね合う。（13分）

アクティビティ・シートを配り，友達の誕生日を尋ね歩く活動になります。

やり方を説明します。

T：Hello. When is your birthday ?	**C1**：My birthday is July 10th.
T：Pardon ?	**C1**：July 10th.
T：July 10th. Thank you.	**C1**：When is your birthday ?
T：My birthday is January 19th.	**C1**：January…, pardon ?
T：19th.	**C1**：Thank you.
T：Bye !	

＼ ポイント ／

　約束事を1つだけ決めておきます。誕生日を聞き取ることも勉強ですので，何月であるかを紙で見せたり，指で指したりはできるだけしないように言っておきます。自分の誕生日は言えても，友達の誕生日は聞いて何月か分からないことも多々ありますが，最初は，そのようなルールにしておきます。ただし，2～3回繰り返されて，どうしても分からなかったら，教えてあげてもよいこととします。

Class Work　立って，誕生日を尋ねるインタビューを行います。

活動後，児童数名に質問し，達成度を確認します。

❸ まとめ（5分）

振り返りカードへの記入を行い，学んだことなどを発表させます。

アクティビティ・シート　Class （　） Number （　） Name （　　　　　　　　）

When is your birthday？　たん生日はいつ？

★友達とたん生日をたずね合ってみましょう。たん生日が多いのは何月でしょうか？

月（month）	名前（日にち）
January	
February	
March	
April	
May	
June	
July	
August	
September	
October	
November	
December	

自己評価　たん生日をたずねたり，答えたりすることができますか。

ばっちりできる　　　まあまあできる　　　もう少し
（　　）　　　　　　　（　　）　　　　　　　（　　）

4 When is your birthday？　誕生日はいつ？
How old are you？　あなたは何才ですか？

・目　標：年齢を尋ねたり，答えたりすることができる。
・準備物：□ヒント・クイズ　□ヒント・クイズ（答え）の絵カード　□アクティビティ・シート

年齢を尋ねることについては，英語ではタブーとされていますが，自己紹介や何かを申し込む場面などで，年齢が話題になることもあります。誕生日の話題と合わせて，年齢の言い方も扱っていきましょう。

1 導入（15分）

❶ 挨拶を行い，歌（月名の歌）を歌い，曜日，日付，天気などの確認をする。（3分）

❷ ヒント・クイズをする。（12分）

T：Let's play hint quiz.

　　約束！　分かったら，黙って手をあげてください。

> No. 1　I am an anime character.
>
> 　　　　I am a boy.
>
> 　　　　My birthday is March 11th.
>
> 　　　　I am 10 years old.
>
> 　　　　I have Mother, Father, two sisters and one cat, Tama. It is cute.
>
> 　　　　I go to Kamome *dai san* elementary school.
>
> 　　　　I'm in the fifth grade like you.
>
> 　　　　Who am I？

T：The answer is....

C：カツオ！

T：Right. どこで分かった？

C1：タマ。

C2：カモメ第3小学校。

C3：姉妹が2人いる。

T：O.K. Hint quiz No. 2 ....

以下，次のようなヒント・クイズを出しながら，誕生日や年齢を入れながら行います。

No. 2

　I am an anime character.　I am not so tall. I am 129.3 cm tall.（板書）

　I am very heavy. I am 129.3 kg.（板書）My birthday is September 3rd.

　I am minus 93（−93）years old. I am a cat. I'm a blue robot. I have no ears.

　I have a very convenient pocket.（板書）I can fly.

　I help Nobita every day.

　Who am I ?

No. 3

　I am a character.　I am a cat. I am white. I am from London, England.（板書）

　My birthday is November 1st. I am 46 years old.（板書）　I am about 60cm tall.

　I have a twin sister, Mimmy. She has a yellow ribbon on her head.

　I have a red ribbon on my head.

　Who am I ?

（答え）　No. 2　Doraemon（ドラえもん）

　　　　　　　〈参考〉　2112年9月3日生まれなので，−93歳（2020年5月現在）

　　　　No. 3　ハローキテイ（本名 Kitty White）

　　　　　　　〈参考〉　1974年11月1日生まれなので，46歳（2020年5月現在）

❷ 展開（20分）

❶ 年齢の尋ね方，答え方を教える。（5分）

　ヒント・クイズで使用したキャラクターの年齢や誕生日を確認していきます。

　絵カードを見せながら，できればパワーポイントで示しながら行うといいです。

T：This is Katsuo. He is in the fifth grade. みんなと同じ5年生.

　　His birthday is March 11th. He is 10 years old.

T：（ドラえもんの絵を見せて）Who is this ?

C：Doraemon.

T：Yes. How old is he ?

C：Minus 93 ?

T：Yes. He was born in 2112. He is minus 93 years old.

　　When is Doraemon's birthday ?

C：September 3rd.

T：Right. Who is this ?

C：Kitty White.

T：How old is she ?

C：46 years old.

T：Yes. When is her birthday ?

C：November 1st.

T：Good.

　児童の年齢を尋ねていきます。

T：How old are you ? How old are you, C1 ?　　**C1**：10 years old.

T：10 years old. When is your birthday ?　　**C1**：My birthday is October 10th.

T：October 10th . You are 10 years old.　　**C1**：Yes.

T：10月10日。10歳。縁起がいいね。Today, we study 年齢の言い方 .
　　We can say, "I am … years old."

〈板書〉

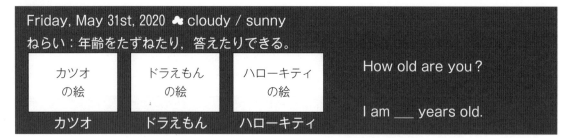

❷ **Small Talk** で友達と年齢を尋ねたり，答えたり伝え合う。(15分)

アクティビティ・シートを配布します。

Pair Work　ペアで45秒間，話題をつなげながら，Small Talk を行います。

終わったら中間評価を行い，反応表現や，話題の広げ方を共有します。

Pair Work　あと２回，合計３回行います。終わったら，自己評価等を記入させます。

❸ まとめ（5分）

振り返りカードへの記入を行い，学んだことなどを発表させます。

【Small Talk】 あなたは何才？

★年れいを話題に，45秒間友達と話してみましょう。必ず最初はあいさつをしてから行います。

友達の名前	どんな内容？

★他に言いたかった表現はありますか。先生に質問など自由に書いてみましょう。

自己評価　　　4　できた　3　どちらかというとできた　2　どちらかというとできない　1　できない

①45秒間，話を続けることができましたか。　　　　　　　　　　　　4　3　2　1

②反応したり，繰り返したり，感想を言ったりすることができましたか。　4　3　2　1

③年れいの話題から，色々な話題にどのように広げようとしましたか。

1　My favorite subject !　私の好きな教科 !
What do you have on Mondays？
月曜日は何の授業があるの？

・目　標：何曜日に何の授業があるのかを伝えることができる。
・準備物：□教科の絵カード　□時間割り　□アクティビティ・シート

小 学校高学年は，10歳くらいまでの「面白いからやってみる」という内発的な動機から，「将来のために学ぶ」という動機へと変化する年代です。今まで何気なく学んでいた学習から，何のために学ぶのかという目的をもった学習への気付きとなるよう，キャリア教育を視野に入れた授業を行っていきましょう。

1　導入（10分）

❶ 挨拶を行い，曜日，日付，天気などの確認を行う。（3分）

❷ 本時のねらいを確認する。（2分）

T：Today is Tuesday.（時間割表を指して）Look at the schedule.

　　What subjects do we have ?　（火曜日のところを指さす）

C：....

T：We have social studies, P.E. Japanese, math, English, 図工 ... arts and crafts.

　　We have six classes. Today, we are going to learn about subjects.

❸ 「曜日クイズ」を行う。（5分）

　　曜日クイズをします。

T：I'll give you "曜日クイズ".

　　What day is it ?

　　分かったら黙って手をあげましょう。

　　We have Japanese, science, music, math,

　　integrated lesson and integrated lesson.

　　What day is it ?

C：インテグレイ…？

T：Integrated lesson.

C：分かった。

T：The answer, one, two.

	月	火	水	木	金
1	国語	社会	国語	外国語	学活
2	算数	体育	理科	国語	国語
3	理科	国語	音楽	算数	社会
4	社会	算数	算数	家庭	道徳
5	体育	外国語	総合	理科	体育
6	図工	図工	総合		算数

C：Wednesday！

T：Good.

　もう１～２回やった後，今度はタスクレベルをあげます。１時間目から言わずに，その日に，どんな授業があるのかを言っていき，曜日を当てるクイズにします

　クイズをします。（順番はバラバラで言う曜日クイズ）

T：今度は，１時間目から順番に言いません。どんな教科があるか言っていきますので，曜日を当ててみてください。We have math, Japanese, P.E., social studies, moral lesson and homeroom. I like this day. What day is it ? One, two....

C：Friday.

T：Good. 誰かやりたい人？　はい。C1さん。

C1：（前に出てくる）We have Japanese, math, P.E., 社会って何て言うの？

T：Social studies.

C1：Social studies, 理科は？

T：Science.

C1：Science and, arts and crafts.

C：I know.

T：One, two …

C：Monday！

C1：That's right.

②展開（25分）

❶「教科名」の発音練習をする。（10分）

T：（国語の絵カードを見せて）What subject is this ?	**C**：Japanese.
T：Good. Repeat. Japanese.	**C**：Japanese.
T：（算数の絵カードを見せて）What subject is this ?	**C**：Math.
T：Yes. Math.	**C**：Math.
T：単語の最後の音に気を付けて，math.	**C**：Math.

\ ポイント /
　このように，絵カードで単語の言い方を確認していきます。Math の th のように，発音に気を付けなくてはいけない語は，ワンポイントで，短く指導しておきます。

❷ 曜日クイズを出し合う。（10分）

やり方を説明します。

児童に時間割を渡し，それを見ながら，ペアで曜日当てクイズを行います。最初に廊下側の児童が立ってクイズを出します。当てられたら，座ります。およそ終わったら，教師の指示で今度は，窓側が立ってクイズを出します。それも終わったら，ペアを変え，これを数回繰り返しながら，教科名を用いた学習を行います。

T：Let's play "曜日当てクイズ"．今からペアになり，片方がクイズを出し，片方が答えるというゲームを行います。Make pairs.

C：（児童はペアになる）

T：廊下側！　Stand up. クイズを出す係です。窓側！　　何曜日か答えます。
　　　当たったら，廊下側の人は，座ります。O.K. Are you ready ?

C：Yes.

T：Let's start !

　　Pair Work　児童は，ペアで曜日クイズを出し合います。

> \ ポイント /
>
> このようなゲーム的な活動の時には，BGM をかけるようにします。BGM があると，話しやすくなりますし，隣の人の声が気にならなくなります。特に，だんだんと当てられて，座っていくと，残っている人は，自分の声が回りに届いてしまうので，やりづらさを感じ，安心して活動に取り組むことができません。運動会の時に流す BGM などを活用するとよいでしょう。

活動後には，教師が児童数名に質問し，達成度を確認します。

❸ 好きな教科を英語で書く。（5分）

Writing　アクティビティ・シートを配り薄い文字をなぞらせながら，好きな教科を見て写させます。1つ書けた児童は，先生のところに持って来させ，一度チェックを入れます。

❸ まとめ（5分）

振り返りカードへの記入を行い，学んだことなどを発表させます。

教科名を覚えよう！

★言えるようになった教科名は，□に☑を入れましょう。

★自分の好きな教科を２つ書いてみましょう。

I like

I like

★自分の好きでない教科を１つ書きましょう。

I don't like

2 My favorite subject！　私の好きな教科！
What's your favorite subject？　好きな教科は何？

・目　標：好きな教科を尋ねたり，答えたりすることができる。
・準備物：□教科の絵カード　□時間割り　□アクティビティ・シート

前　時で教科名をしっかり学習しておけば，今回の「どの教科が一番好きですか」の活動はそんなに難しくはありません。児童は like という語彙や，like を使った表現には，小学校３年生から，十分慣れ親しんでいますので，比較的，容易な学習内容と言えるでしょう。

1 導入（15分）

❶ 挨拶を行い，歌を歌い，曜日，日付，天気などの確認をする。（5分）

❷ 教科名を復習する。（10分）

教科の絵カードを見せながら，教科名を英語で言わせます。

T：（国語の絵カードを見せて）What subject is this？

C：Japanese.

T：Yes. It's Japanese.（黒板に貼る）

　　What subject is this？（と言って，音楽の絵カードを見せる）

C：Music.

> \ ポイント /
>
> 　このような授業の出だしでは，「できる！と思わせること」が大事です。つまり，最初に示す絵カードは，児童のほとんどが言えるものでスタートし，授業に勢いをつけます。
> 　ここでは「国語」「音楽」から始めていますが，もちろん「英語」や「体育」でも構いません。決して「総合」や「社会」「図工」など，複雑で難しいと思われる語彙を最初に出すことはせず，途中に入れるか，最後の方に出すようにするとよいでしょう。

ミッシング・ゲームを行い，教科名の言い方に慣れ親しむようにします。

今日は何の授業があるのか尋ね合います？

T：Today is Thursday. What subjects do we have on Thursdays？

C：We have English, Japanese, math, home economics, and science.

T : Good. What subjects do you like ?

C1 : I like science and P.E.

C2 : I like Japanese and math.

C3 : I like music, home economics, and P.E.

T : O.K. Ask your friends "What subjects do you like ?" I'll give you 1 minutes. Stand up. Start.

	月	火	水	木	金
1	国語	社会	国語	外国語	学活
2	算数	体育	理科	国語	国語
3	理科	国語	音楽	算数	社会
4	社会	算数	算数	家庭	道徳
5	体育	外国語	総合	理科	体育
6	図工	図工	総合		算数

児童は立って，好きな教科を聞き歩きます。

教師も，一緒に参加して，児童の学習状況の把握をしましょう。

②展開（20分）

❶ 一番好きな教科を尋ねる。（5分）

T : What subjects do you like, C1 ?

C1 : I like math.

T : You like math. What subjects do you like, C2 ?

C2 : I like P.E., music and, arts and crafts.

T : You like P.E., music and, arts and crafts.

What is your favorite subject ?

C2 : Favorite... ?

T : Yes. Favorite subject. For me, I like math, English, social studies, and home economics. I like many subjects, but my favorite subject is … English.

I like English very much.

What is your favorite（人指し指で「一番」という意味であるように示す）subject ?

C2 : My favorite subject is P.E.

T : I see. You like P.E. very much. Why ?

C2 : I like sports.

T : Great !

> \ ポイント /
>
> favorite（一番好きな）は，小学校4年生で学習済の語彙です。しかし，あまり使用の出番がないと，どうしても忘れてしまいます。時々，思い出させてあげましょう。

②　一番好きな教科は何か尋ね合う。（15分）

アクティビティ・シートを配り，一番好きな教科は何かインタビューを行います。

やり方を説明します。

T：Hello.　　　　　　　　　　　　　　　**C1**：Hello.

T：What is your favorite subject？　　　　**C1**：My favorite subject is music.

T：（シートの music の欄に○をつける）　**C1**：What is your favorite subject？

T：My favorite subject is English.　　　　**C1**：（English の欄に○をつける）

T：Bye！　　　　　　　　　　　　　　　**C1**：Bye！

T：こんな風に，聞いて回ります。

　最初は Part 1 の教科の中から一番好きな教科を伝え合います。時間は5分間です。

〈板書〉

Thursday, June 20th, 2020 ☂ rainy

What is your favorite subject？
My favorite subject is ....

Class Work　児童は，Part 1のインタビューを行います。

集計結果を共有します。

T：What is the favorite subject？　　　**C1**：Math is the favorite subject.

T：How about you？

　　　What is the favorite subject？　　　**C2**：Science is the favorite subject.

Class Work　児童は，Part 2 のインタビューを行い，その後集計します。

Writing　アクティビティ・シートに一番好きな教科を書きます。

教師が児童数名に質問し，達成度を確認します。

❸ まとめ（5分）

振り返りカードへの記入を行い，学んだことなどを発表させます。

一番好きな教科は何？　What is your favorite subject?

Step 1　友達に好きな教科をたずねていきましょう。どの教科が、人気があるのでしょうか。好きだと答えた教科に〇印をつけておき、後で、ぼうグラフにしましょう。

Part 1　5教科

	1	2	3	4	5	6	7	8	9	10
国語　Japanese										
算数　math										
英語　English										
理科　science										
社会　social studies										

Part 2　6教科

	1	2	3	4	5	6	7	8	9	10
音楽　music										
図工　arts and crafts										
体育　P.E.										
家庭　home economics										
総合　integrated lesson										
道徳　moral lesson										

Step 2

★インタビューして、分かったこと、思ったことを書きましょう。

Step 3

★あなたの一番好きな教科を書いてみましょう。

My favorite subject is

3

My favorite subject ! 私の好きな教科！
Why do you like it？ なぜ好きなの？

・目　標：好きな教科の理由を尋ねたり，答えたりして，伝え合う。
・準備物：□ Small Talk シート　□アクティビティ・シート

小 学校３・４年生から「〜が好き」という表現は，幾度となく触れてきており，かなりの割合で定着しています。そこで，５・６年では，「〜が好き」という次の発話を求めたいです。それが今回の「理由」を尋ねたり，答えたりする言い方です。

1 導入（15分）

❶ 挨拶を行い，歌を歌い，曜日，日付，天気などの確認をする。（３分）

❷ Small Talk で何の教科が一番好きか尋ね合う。（12分）

　Small Talk を行いながら，必然的に理由を尋ねたり，答えたりする場面をつくりだし，本時の学習内容に迫っていきます。

T：What subjects do you like ? I like math, English, home economics, and P.E.

　　　I like math because I like thinking.

　　　My favorite subject is English because it's fun to talk with foreign people, 外国人 .

　　　I like home economics because I like cooking.

　　　I like P.E. because I like sports.　What subjects do you like ?

C1：I like home economics, social studies, arts and crafts, and English.

T：What is your favorite subject, C1 ?

C1：My favorite subject is home economics.

T：Why ?

C1：.... I like cooking.

T：You like cooking. Do you cook ?

C1：時々。I help my mother.

T：That's nice. I cook every day. I am good at cooking fried rice, curry and rice,

　　　hamburger steak, and *miso* soup.

　　Pair Work　Small Talk を行います。

T：O.K. Let's make pairs.

C：（机を向かい合わせにして，ペアになる）

T：Let's talk about "subject".（黒板に教科を表す絵カードを貼る）

　　Keep talking for 45 seconds. Are you ready ? Let's start.

　児童は，ペアで教科をテーマに話し始めます。教師は，児童の学習状況を把握するため，机間指導を行います。約45秒後，話をやめさせます。

　中間評価を行います。

　次のような Small Talk シートを配り，振り返りを行います。

Small Talk シート

　　Class （　） Number　（　　　） Name （　　　　　　　　　）

Today's Topic：_____

会話をした友達の名前	・分かったこと　〇もっと知りたいこと

☆**伝えたかったけど，言えなかったことはありましたか。**

Pair Work　ペアを変えて，2回目の Small Talk を行います。

　Small Talk を振り返ります。

T：Small Talk をやってみて，どうだった？　45秒，話続けることできた？

　　言いたかったけど，言えなかったことってあった？

C1：「運動が好き」って何て言うのですか？

T：「運動が好き」って，何て言ったらいいかな？

C2：「スポーツが好き」なら，I like sports. だけど…。

T：I like sports. いいね。どうだろう。

C1：（うなづく）

T：他には？

C3：理由を聞かれて，答えられなかった。

T：何て言おうとしたの？

C3：実験が好きだから。

T：実験か…これは難しいね。何て言おう？　I like... これは，I like 実験．って，日本語で言っちゃっていいね。みんなの好きな教科は言えると思うから，今日は理由を尋ねたり，答えたりする言い方を学ぼうか。

2 展開（20分）

❶ 好きな教科と好きな理由を書く。（10分）

アクティビティ・シートを配ります。

T：好きな教科を英語で2つ書きましょう。書き終えたら，好きな理由を日本語で書きましょう。

> \ ポイント /
>
> 　好きな教科を英語で書くということは，難易度も高く，難しい活動なので，積極的に机間指導に出向き，支援をしてあげましょう。その際，教師は，4線の入った紙と赤鉛筆を持ち，4線への書き方が間違っている場合など，すぐに手本を見せられるようにしておきます。

❷ 好きな理由を英語で何と言うか考える。（10分）

T：みんなの中に，「楽しいから」とか「歌うのが好きだから」「絵を描くのが好き」「問題を解くのが好き」というような理由がありました。「楽しいから」って何て言うか知ってる？　It's fun. って言うんだ。短くて，便利な言い方だから覚えておくといいね。

このように，理由の言い方を少し考えさせ，英語にしていきます。

Class Work　友達にインタビューします。

教師が児童数名に質問し，達成度を確認します。

3 まとめ（5分）

振り返りカードへの記入を行い，学んだことなどを発表させます。

何で好きなの？

Step 1 あなたの好きな教科を2つ、英語で書いてみましょう。書き終わったら、好きな理由も書いてみましょう。

好きな教科（英語で）	好きな理由（日本語で）

Step 2 友達の好きな教科と、好きな理由をたずねてみましょう。

名前	好きな教科	理由

4 My favorite subject! 私の好きな教科！
I want to be a vet. 将来は獣医になりたいな

・目　標：勉強したい教科の理由や将来の職業について伝え合う。
・準備物：□教師の小学校，中学校の時の写真　□時間割り　□アクティビティ・シート

教 科名を扱いながら，将来の夢を重ねさせます。すると，将来は○○になりたいから，この勉強をしたいとか，この勉強が好きだから，将来はこんな仕事に就きたいというような目的意識をもった学習につながります。５年生くらいから，将来のためにこの勉強をするという意識が育ってきます。

1 導入（15分）

❶ 挨拶を行い，歌を歌い，曜日，日付，天気などの確認をする。（３分）

❷ 時間割の水曜日の空白に，どんな教科を入れたいか話題にする。（12分）

Teacher's Talk　前時の学習を振り返りながら行います。

	月	火	水	木	金
1	国語	社会		外国語	学活
2	算数	体育		国語	国語
3	理科	国語		算数	社会
4	社会	算数		家庭	道徳
5	体育	外国語		理科	体育
6	図工	図工			算数

T：What subjects do you like?

C1：I like math and English.

T：What's your favorite subject?

C1：My favorite subject is math.

T：Why do you like it?

C1：Because it is interesting.

T：What subjects do we have?

C2：We have, social studies, P.E. Japanese, math, English, and arts and crafts.

T：Yes. We have, social studies, P.E. Japanese, math, English, and arts and crafts.
Today is Tuesday. Tomorrow is... Wednesday.　Look at this. No lesson plans.
If you can make a lesson plan, what subjects do you want to study?

C3：P.E.!

C4：Home economics.

C5：Science!

T：I want to study English, and math.（２回繰り返す）
What do you want to study?

C6：I want to study math.

T：Why?

C6：Because I like math and it's interesting.

T：I see.

2 展開（20分）

① 教師の幼い頃に思い描いていた「将来の夢」を語る。（5分）

T：（小学校の時の写真を見せて）This is a picture when I was an elementary school student. Where am I ?

C：アッ。そこ！（指を指す）

T：Yes. This is me. When I was an elementary school student, I wanted to be a teacher because I like talking.

T：（中学校の時の写真を見せて）This is a picture when I was a junior high school student. Where am I ?

C：そこ！（指を指す）

T：Yes. That's easy. This is me. I liked English very much so I wanted to be an English teacher. Now I like English.

What do you want to be ?

\ ポイント /
　写真を使うことで，この時に，どんな夢があったのか，臨場感をもって伝えることができるので，教師の子ども時代の写真を用い，児童に語りかけるとよいでしょう。

② 将来なりたい職業について伝え合う。（15分）

　アクティビティ・シートを配り，職業の言い方を指導します。

T：Look at the activity sheet. Repeat after me.
　　Teacher.

C：Teacher.

T：Nurse.

C：Nurse.

　児童の将来なりたい夢を尋ねていきます。

T：We have many jobs, 職業 . What do you want to be ?

C1：Comedian.

T：Oh, you want to be a comedian.

C1：Yes.

T：…（少し待つ）Say, "I want to be a comedian."

C1：I want to be a comedian.

T：Why ?

C1：人を楽しませたいから。

T：Oh, make people… happy.

C1：Yes, make people happy.

T：I want to … make people happy.

C1：I want to make people happy.

T：Great ! What do you want to be, C 2 ?

C2：I want to be a nurse.

T：Why do you want to be a nurse ?

C2：Because my mother is a nurse.

T：Your mother is a nurse. Where does your mother work ? Which hospital ?

C2：○○○ hospital.

T：I see.

> \ ポイント /
> なるべく口頭で行っていき，耳に表現を入れていくようにします。何人かに指名しながら，だんだんと，I want to be... という出だしが言えるようになってきたら，それを文字に表し，板書するといいでしょう。あくまでも，音声で十分に慣れ親しませることが大事です。

Class Work　なりたい職業と理由を尋ね合います。

T：Ask your friends, "What do you want to be ?" " I want to be …"
　　I'll give you 5 minutes. Ready Start !

活動後，教師が児童数名に質問し，達成度を確認します。

❸ まとめ（5分）

振り返りカードへの記入を行い，学んだことなどを発表させます。

将来の夢は？

★友達は，どんな仕事につきたいと思っているでしょうか。たずね合ってみましょう。

☐ teacher	☐ nurse	☐ flight attendant	☐ singer
☐ actor/actress	☐ nursery school teacher	☐ cook	☐ doctor
☐ hair stylist	☐ pilot	☐ cartoonist	☐ comedian

★英文を，ていねいになぞりましょう。

I want to be a teacher.

★自分のなりたい職業を書いてみましょう。

I want to be

This is my daily life.　私の一日
I always get up at 6.　私はいつも6時に起きます

・目　標：朝の日課を表す語彙を知り，朝の様子を伝え合うことができる。
・準備物：□日課の絵カード　□アクティビティ・シート

　こでは，1日の行動の基本的な語彙を学びます。ただ基本的と言っても，児童にとってはなかなか困難な学習内容です。なぜなら，動詞がいくつも出てきます。また，日常ではあまりカタカナ語としても使用しない語彙が多いのでより難しく感じるでしょう。まずは慣れ親しませる活動から行いましょう。

1 導入（10分）

❶ 挨拶を行い，歌を歌い，曜日，日付，天気などの確認をする。（3分）

❷ 教師の日課を語る。（7分）

　Teacher's Talk　教師の朝，起きてからのことを児童に話をします。

T：At 5 o'clock.（と言って，5時の時計の写真を見せる）

　　I get up.（起きるジェスチャーをする。以下，同様にジェスチャーを行う）

　　I wash my face. I brush my teeth. I read newspaper. I cook.

　　At 6：00.

　　I have breakfast. I watch TV. I check my bag.

　　At 6：30.

　　I leave my home. This is my morning routine.

　どんな内容であったか確認します。

T：先生は朝，何時に起きるって？

C：5時。

T：朝ご飯は何時？

C：6時。

T：何時に家を出るんだろう？

C：6時半。

T：みんなの朝の日課はどうかな。今日は，日課の表現を勉強して，外国の友達に伝えられるようにしましょう。

②展開（25分）

❶ 起きる時間を尋ねる。（3分）

T：I get up at 5：00. What time do you get up？　　**C**：6：00.

T：I get up at 5：00. What time do you get up？　　**C1**：I get up at 6：30.

T：You get up at 6：30.（板書する）

　I get up at 5：00. What time do you get up？　　**C2**：I get up at 6：00.

T：You get up at 6：00.（板書する）

> ＼ ポイント ／
>
> 　このように，まずは朝起きる時間からスタートです。児童から出てきた時刻を黒板に書きながら，どの時間帯に起きるのが多いか，10名程に尋ね，集計します。

❷ 起きた後の行動を伝える。（3分）

T：I get up at 5：00. I make my bed. I wash my face. I brush my teeth. I read newspaper. I cook. I have breakfast at 6：00. I check my bag. I leave home at 6：30.

　言い終えた後，黒板に絵カードをバラバラに貼っていきます。そして，「先生は，朝起きてからどんなことをするかな」と問いかけ，黒板の左の方に，get up の絵カードを貼り，右側に leave home を貼ります。その後，教師の話を思い出させ，順番になるように，言わせていきます。

〈板書〉

Tuesday, September 5th, 2020 ☼ sunny
ねらい：朝のにっかの言い方を学ぼう。

get up　make my bed　wash my face　brush my teeth　cook　have breakfast　check my bag　change clothes　leave home

❸ 朝の日課を言ってみる。（4分）

　黒板に並んだ絵カードを見ながら，

T：O.K.　Repeat after me. Get up.　　**C**：Get up.

T：Get up.　　**C**：Get up.（2回ずつ繰り返す）

❹ 朝の日課を伝え合う。(15分)

Pair Work　アクティビティ・シートを用いて，友達と朝，学校に着くまでを伝え合います。

T：Now, it's your turn.

　　You tell about your morning routine.

　　Make pairs. 廊下側，stand up.

　　You talk about your morning routine.

　　窓側，you listen and response to the speaker.

　　Good reaction is a good listener.

　　I'll give you 30 seconds. 時間は30秒です。Let's start.

約30秒後，廊下側の児童を座らせ，窓側の児童を立たせます。

同様に，30秒間，語らせます。

他に言いたかった表現があるかどうか尋ねます。

T：黒板以外に，他に言いたかった表現ありますか。	C1：犬の散歩。
T：Good. 偉いね。毎朝してるの？	C1：毎朝じゃないけど，よくしている。
T：犬の散歩って，何て言うんだろう。	C1：Walk dog.
T：すごい！誰の犬？	C2：自分の…？　Walk... my dog！
T：いいね。I walk my dog. と言います。他には？	C2：皿を洗うは？
T：へえ，皿を洗っているんだ。偉いね。	
顔を洗うは？	C3：Wash my face.
T：お皿は英語で1枚なら dish，2枚以上なら dishes	
って言います。	C3：Wash my dishes.
T：自分のだけ洗うの？	C3：違う。Wash the dishes.

Pair Work　ペアを変えて行います。

教師が児童数名に質問し，達成度を確認します。

Writing　朝，起きる時間を入れて，アクティビティ・シートを書きます。

❸ まとめ (5分)

振り返りカードへの記入を行い，学んだことなどを発表させます。

アクティビティ・シート Class （　）　Number （　）　Name （　　　　　　　）

1日の日課！

★朝起きてから学校に着くまで，あなたはどのように過ごしますか。友達と伝え合ってみましょう。

get up	wash my face	brush my teeth	have breakfast
check my bag	change clothes	leave home	come to school
go home	eat dinner	do my homework	watch TV
play games	read a book	take a bath	go to bed

★あなたが起きる時間を入れて，なぞってみましょう。

I get up at

2　This is my daily life.　私の一日
What time do you get up?　友達は何時に起きるのかな？

・目　標：日課を尋ねたり，答えたりすることができる。
・準備物：□日課の絵カード　□アクティビティ・シート

ふだん学校にいる時は，友達と一緒に過ごしているので様子が分かりますが，家に帰った後，友達がどのように過ごしているかは，児童同士，大変興味があることです。そこで，今回は，家に帰ってから寝るまでの日課を扱い，尋ねる文を学習します。

1　導入（15分）

❶ 挨拶を行い，歌（This is the way）を歌い，曜日，日付，天気などの確認をする。（8分）

This is the way の歌を歌い，日課の学習と関連付けます。

❷ 朝の日課：何時に起きるか尋ね合う。（7分）

T：I'll ask a question, answer it and ask the same question to me.

（先生が質問しますから，みんなは答えて，同じ質問を先生にしてください）

What time do you get up?

C1：I get up at 6：30. What time do you get up?

T：I get up at 5：00.

What time do you get up, C 2?

C2：I get up at 7：00.

T：Really?

C2：Yes. What time do you get up?

T：I get up at 5：00.

数名と起きる時間を尋ね合ったら，今度は，朝食の時間を尋ね合います。

T：What time do you have breakfast?

C3：Have breakfast? Well…, I have breakfast at 7：00.

What time do you have breakfast?

T：I have breakfast at 6：00.

このように，起床時刻，朝食の時刻，家を出る時刻を尋ねていきます。

②2 展開（20分）

❶ 家に帰ってからの行動を表す語彙を学ぶ。（5分）

教師の朝起きてから，家を出る前の様子を絵カードを貼りながら，紹介していきます。

T：I usually go home at 7：30.

I take a bath. I like taking a bath.

I have dinner at 8：00.

I watch TV.

I go to bed.

I go to bed at 10：00.

I sometimes read a book but soon I get sleepy.

〈板書〉

Friday, September 8th, 2020 ☼ sunny
ねらい：家に帰ってからのにっかの言い方を学ぼう。

go home / take a bath / have dinner / watch TV / go to bed

read a book / do my homework / play games / play with～

> \ ポイント /
> ここで，家に帰ってから寝るまでの表現で，知りたいものをあげさせるといいです。例えば，「塾に行く」（go to *juku*），「剣道に行く」（do *kendo*），「ネットをする」（use a computer）等，が出てくるでしょう。

語彙の発音練習を行います。

❷ 家に帰ってから寝るまでの日課を友達に伝える。（5分）

児童はペアになり，家に帰ってから寝るまでに何をするか伝えます。

一度終わったら，ペアを変え，数回行います。

❸　1日の日課を友達と尋ね合う。（10分）

アクティビティ・シートを用いて，児童は友達に時間を尋ねます。

やり方を説明します。

T：今から，友達と何時に何をするのかを尋ね合います。

　　こんな風にやります。誰かボランテイア？

C1：What time do you get up ?

T：I get up at 5：00.　みんなもシートに書いてください。

C2：What time do you leave home ?

T：I leave home at 6：30.

C2：Oh！　What time do you go home ?

T：I go home at 7：30.

自分が行う時間をシートに書いておきます。

Class Work　立って，友達と時刻を尋ね合います。

C1：Hi.

C2：Hi.

C1：What time do you get up ?

C2：I get up at 7：00.

C1：Oh, really ?

C2：Yes. What time do you get up ?

C1：I get up at 6：00. What time do you have breakfast ?

C2：I have breakfast at 7：15.

Writing　アクティビティ・シートに家に帰ってからやることと寝る時刻を書かせます。

教師が児童数名に質問し，達成度を確認します。

3 まとめ（5分）

振り返りカードへの記入を行い，学んだことなどを発表させます。

友達は，何時にねているのかな？

★友達と次の日課をたずね合いましょう。

	get up	leave home	go home	have dinner	go to bed
先生					
あなた					

★あなたが家に帰ってからやることを１つ書いてみましょう。

I _____

★あなたがねる時刻を入れて，なぞってみましょう。

I go to bed at _____

3

This is my daily life.　私の一日
What do you usually eat for breakfast?
朝ご飯は何を食べるの？

・目　標：朝ご飯について尋ねたり，答えたりして伝え合う。
・準備物：□朝ご飯の写真　□頻度を表す語カード　□アクティビティ・シート

朝 起きる時刻の話題から，ついつい話題を広げたくなるのが，朝ご飯に何を食べるかの話題です。和食なのか洋食なのか，何が好きか…など，話を展開するには，ぜひ，身に付けておきたい基本表現です。

1 導入（15分）

❶ 挨拶を行い，歌（This is the way）を歌い，曜日，日付，天気などの確認をする。（3分）

❷ 1日の日課の語彙でカルタを行う。（12分）

　児童はペアになります。ペアに1つ，カルタを配り，机の上に広げさせます。やり方は，カルタですので，教師が読み上げた札を取ればよいというゲームです。

T：Make pairs and put your desks together.

C：（児童は机を向かい合わせにする）

T：Do *janken*.

C：（児童はジャンケンをする）

T：Loser, come to me and I'll give you *karuta* card.

C：（ジャンケンに負けた児童はカードを取りに来る）

T：Spread the cards all over your desks.

　　　I'll call out words, take them quickly.

　　　Are you ready? Put your hands on your head.

　　　First one is…, "Go to bed."

C：（児童は，「寝る」のカードを取る）

＼ ポイント ／
　カルタをペアでやらせてもいいし，ペアとペアをくっつけてのペア対抗にしても盛り上がります。ペア対抗だと団結力を図ることができます。

❶ 朝ご飯に何を食べるか尋ね合う。（5分）

教師が普段食べる朝ご飯のメニューを紹介していきます。

T：（朝ご飯の写真を見せて）This is my breakfast.

I always eat rice, *miso* soup, and *natto*.

I usually eat fried egg.

I sometimes eat fish for breakfast.

What do you usually eat for breakfast ?

C1：I eat rice, *miso* soup, egg and fish.

T：Do you like Japanese food ?

C1：Yes, I do.

T：What do you usually eat for breakfast, C 2 ?

C2：I eat パン .

T：Toast.

C2：Toast.

T：And.... ?

C2：それだけ。

T：Do you eat salad ?

C2：No.

T：What time do you get up ?

C2：I usually get up at 6：30.

T：I see.

> \ ポイント /
>
> 既習事項をふんだんに入れながら，5～6名と対話を行います。私はよくホテルに泊まった時の朝食を写真で撮っておき，「いつも朝ご飯は和食だよ」と言えるようにしています。

❷ 頻度を表す言葉を教える。（7分）

朝ご飯を例に，always, usually, sometimes, never を教えます。

次ページのような図を描きながら，頻度の導入を行います。

T：Monday, Tuesday, Wednesday, Thursday, Friday, Saturday and Sunday.

I eat rice on Monday, Tuesday, Wednesday, Thursday, Friday, Saturday and Sunday, every day. I always（と言って，always のカードを貼る）... I always eat rice for breakfast.

〈板書〉

Tuesday, September 17th, 2020 ☼ sunny
ねらい：朝ご飯についてたずねたり答えたりできる。

	月	火	水	木	金	土	日		
ご飯の絵	○	○	○	○	○	○	○	・・・	always
たまごの絵	○	○		○	○	○		・・・	usually
魚の絵			○		○		○	・・・	sometimes
パンの絵	×	×	×	×	×	×	×	・・・	never

T：I eat egg 例えば，on Monday, Tuesday, Thursday, Friday, and Saturday.

I usually eat egg for breakfast.

I eat fish on 例えば，Wednesday, Friday, and Sunday. I sometimes eat fish.

I do not eat bread for breakfast. I never eat bread.

What do you eat for breakfast ?

C1：I always eat rice and *miso* soup.

T：You like Japanese food. Do you eat *natto* ?

C1：Sometimes. I usually eat egg. I like 目玉焼き.

T：Oh, sunny side up.

C1：Sunny side up.

❸ 朝ご飯の絵を描き，朝ご飯について対話する。（8分）

　　Pair Work　アクティビティ・シートに，朝ご飯の絵を描いた後，ペアで朝ご飯について
　　　　　　　　対話します。

C1：What do you eat ?　　　　　**C2**：I always eat bread.

C1：Oh, you like bread. I don't eat bread.　　**C2**：What do you eat ?

C1：I always eat rice. I usually eat *natto*.

教師が児童数名に質問し，達成度を確認します。

③ まとめ（5分）

振り返りカードへの記入を行い，学んだことなどを発表させます。

朝ご飯は，何を食べるかな？

★朝ご飯でよく食べるものを，絵で描いてみましょう。

★友達に書いた絵を見せながら，朝ご飯について英語で話をしましょう。

自己評価

　①朝ご飯に何を食べるかたずねたり，答えたりできる。　ばっちり　まあまあ　もう少し

　②友達と話しながら，話題をつなげようとする。　　　　ばっちり　まあまあ　もう少し

　③うまく話せない時に，どのような工夫をしましたか。

This is my daily life.　私の一日

What do you want to do today？　今日は，何をしたい？

・目　標：何をしたいかを尋ねたり，答えたりすることができる。

・準備物：□テレビ番組表　□日課の絵カード　□アクティビティ・シート

日課を尋ねる活動の中で，「家に帰ったら何をしたい」と尋ねたくなる場面がきっとあることと思います。教科の学習（Part 4）では，「何を勉強したい」（What do you want to study？）で，want to については触れています。今回は，児童の家に帰ってやりたいことを尋ねさせたり，伝えさせたりしてみましょう。

1 導入（15分）

❶ 挨拶を行い，歌（This is the way）を歌い，曜日，日付，天気などの確認をする。（3分）

❷ 今夜何をするか尋ね合う。（12分）

　Teacher's Talk　今日見るテレビを話題にします。

T：Do you like watching TV？ This is today's TV program.（テレビ番組表を見せる）

　　　Today is Tuesday. I want to watch ○○ today. This drama is so interesting.

　　　What TV programs do you want to watch？（テレビを見ている絵カードを貼る）

C：何だろう？

C1：○○！

T：You want to watch ○○．　Why？

C1：It's interesting.

T：Do you watch ○○？

C：Yes！

T：I want to read a book. I am reading this book. I want to finish reading it.

　　　It is very interesting.（本を読んでいる絵カードを貼る）

　　　Do you want to read a book tonight？

C：漫画！

T：Oh, comic book. Do you want to read a comic book？

C：（児童手をあげる）

T：What do you want to do tonight？

C2：Play games.

T : Oh, you want to play games. Video games ?

C2 : Yes. Video games.

T : O.K. You want to play video games.（テレビゲームをやっている絵カード）

　　 What do you want to do tonight ?

C3 : I want to do *judo*.

T : You do *judo*. Great. What time do you usually come home ?

C3 : 9 : 30.

T : At 9 : 30 ?

②展開（20分）

❶ 日課で使われる動詞を確認する。（5分）

語句を確認します。

黒板に貼った絵カードを指しながら，語句をリピートさせます。

T : Repeat after me. Watch TV	**C** : Watch TV
Read a book.	**C** : Read a book.
Play video games.	**C** : Play video games.
Relax.	**C** : Relax.

他にしたいことがあるか聞きます。

T : 他に，何かしたいことある？

C : 音楽を聴く。

T : 音楽好き？

C : はい。

T : 音楽を聴くって，何て言うんだろう。

C : Listen to music.

T : そうだね。Listen to music って言います。

❷ Small Talk で友達と「今夜何をしたいか」を伝え合う。（15分）

基本表現を確認します。

T : 「何がしたい？」って，何て言うんだっけ？

C : What do you …

T : Want to.

C : want to do ?

T：Yes. What do you want to do tonight, 今晩 tonight？

言ってみましょう。 What do you want to do tonight？

C：What do you want to do tonight？

T：Again. What do you want to do tonight？

C：What do you want to do tonight？

アクティビティ・シートを配ります。

Pair Work　Small Talk を行います。ペアになり，今までに学習した表現を使いながら話
題をつなげ，目標を45秒間対話を続けることとします。

T：Make pairs. Let's talk about "What do you want to do tonight？"

I'll give you 45 seconds. Ready？

C：Yes.

T：Start.

C1：Hello.	**C2**：Hello.
C1：What do you want to do tonight？	**C2**：I want to watch TV.
C1：What TV？	**C2**：○○.
C1：Oh, I want to watch it too.	**C2**：Why？

　Small Talk の詳細については，拙著『小学校英語サポート BOOKS　英語教師のための
Teacher's Talk & Small Talk 入門』（明治図書）を是非，ご覧ください。

中間評価を行い，反応表現や，話題の広げ方を共有します。

Pair Work　あと２回行い，合計３回行います。終わったら，自己評価等を記入させます。

教師が児童数名に質問し，活動後評価を行います。

3 まとめ（5分）

振り返りカードへの記入を行い，学んだことなどを発表させます。

【Small Talk】今夜，何をしたい？

★「今夜何をしたいか」を話題に45秒間友達と話してみましょう。 必ず最初はあいさつをして
から行います。

友達の名前	どんな内容？

★他に言いたい表現はありましたか。また先生に質問など自由に書いてみましょう。

（　　　　　　　　　　　　　　　　　　　　　　　　　　　　　　　　　　　　）

自己評価　　　4　できた　3　どちらかというとできた　2　どちらかというとできない　1　できない

①45秒間，話を続けることができましたか。　　　　　　　　　　　　4　3　2　1

②反応したり,くり返したり,感想を言ったりすることができましたか。　4　3　2　1

③色々な話題に広げるために，どんな工夫をしましたか。

（　　　　　　　　　　　　　　　　　　　　　　　　　　　　　　　　　　　　）

Part 5

1

This is my sister.　身近な人を紹介します
I can do *kendo*. I cannot play baseball well.
できること，できないこと

・目　標：できることやできないことを尋ねたり，答えたりすることができる。
・準備物：□3ヒント・クイズ　□答えの絵カード　□アクティビティ・シート

い　よいよ三人称の登場です。今までは，「私」と「あなた」の関係での対話を行ってきましたが，こ
こからは，「彼」「彼女」の「それ」の話題となります。"We Can！"（文部科学省，2018）でも
そうでしたが，動詞に -s や，-es をつける三人称単数現在形の文構造は扱わず，その代わり，動詞を原
形のまま用いる can を用いて第三者について紹介することとなります。

---

1 導入（15分）

❶ 挨拶を行い，歌を歌い，曜日，日付，天気などの確認をする。（3分）

❷ 3ヒント・クイズを行う。（12分）

アクティビティ・シートを配り，3ヒント・クイズで導入します。

T：Let's play hint quiz.　I'll give you three hints. Listen and guess what it is.

　　Let's do example. 例題です。

　　No.1　I am a big animal.　今のヒントを聞いて，何だか当ててみましょう。

C：え？　大きな動物？　これかな？？？

T：日本語でいいので，ヒント1のところに，自分が思う答えを書きましょう。

	例題	Quiz 1	Quiz 2	Quiz 3
ヒント1（10点）	象			
ヒント2（5点）	クジラ			
ヒント3（3点）				
得点	点	点	点	点

T：O.K. Five, four, three, two, one.... 思いつかなかったら斜線（スラッシュ）を引きます。

> \ **ポイント** /
> このように，ある程度時間で区切り，ヒント2に進むようにします。

T：Hint 2. I can swim.

C：え～～～。象だと思ったのに…。

T：ヒント2のところに書きましょう。もし，ヒント1で書いたのと同じだと思ったら，同じものを書けばいいですよ。

T：Hint 3. I can run fast.

C：え～？　何だ？

T：O.K. The answer is…（と言って，写真を見せる）an elephant. 答えは，象です。

象は泳げるし，走ると時速40kmで走れて，オリンピックの短距離の選手よりも，早いんです。ヒント1で当たった人？　10点と書いておきましょう。

ヒント2…5点。　ヒント3…3点。当たらなかった人…マイナス1点と，こんな風にやります。では，本番です。

〈3ヒント・クイズ例〉

	No. 1	No.2	No.3
Hint 1	I am a big animal. I live in water.	I am a brown animal. I live in the mountains.	I am a black and purple anime character.
Hint 2	I cannot swim. I can walk.	I can use my hands. I can climb a tree.	I have wings, but I cannot fly well.
Hint 3	I have small ears and a big mouth. （カバ）	I like bananas. （サル）	I can fly a UFO. I often fight against Anpanman.　（バイキンマン）

2 展開（20分）

❶ 3ヒント・クイズで使った表現を確認する。（10分）

T：This is an elephant. It can run fast. Can you run fast ?

　I used to run fast, but now I cannot run fast.　Can you run fast, C 1 ?

C1：No.

T：Who can run fast ?

C：Ken.

T：Ken can run fast. Can you run fast, Ken ?

Ken：Yes.

T：How fast ?　How fast can you run for 50 meters ?

Ken：7.2秒。

T：Seven point 2 selonds ? So fast ! Great. Look. This is a hippo. Hippos cannot swim. They walk in water. Can you walk in water ?

T：Can you swim ?

T：Let's answer, "Yes, I can.", "No, I can't." Can you swim ?

C：Yes, I can.

＼ ポイント ／

　このように，ヒント・クイズで出てきた動物のできることやできないことを取り上げ，児童にできるかどうか聞いていくと，ヒント・クイズが本時の学習につながることが分かります。

〈板書〉

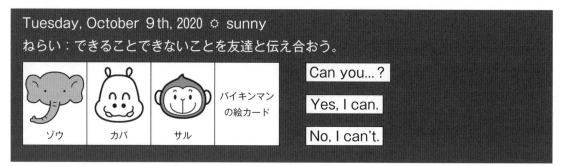

❷ **絵カードを見て，できるかできないか答える。（3分）**

　絵カードを児童に見せながら，Can you run fast ? Can you swim ? Can you play the piano ? 等と聞いていき，児童は自分ができるものは，Yes, I can. できないものは，No, I can't. と答えていく練習をします。

　その後，カードを見せながら，児童に質問文を言わせ，教師がそれについて答えます。

❸ **できること，できないことを友達と伝え合う。（7分）**

Pair Work　ペアになって伝え合います。

C1：Hello. I can ride a unicycle. Can you ride a unicycle ?

C2：No, I can't. I can play the piano. Can you play the piano ?

Writing　知り合いの人を1人選びその人のできることを1つ書きます。

3 まとめ（5分）

　振り返りカードへの記入を行い，学んだことなどを発表させます。

アクティビティ・シート　Class（　）　Number（　）　Name（　　　　　　　）

できること・できないこと

Step 1　ヒントを聞いて，クイズに答えましょう。
　　　　できるだけ早いヒントで正解した方が得点が高くなります！

	例題	No.1	No.2	No.3
ヒント1（10点）				
ヒント2（5点）				
ヒント3（3点）				

Step 2　イラストを参考に，あなたのできること，できないことを友達と伝え合ってみましょう。

play *shogi*	play the piano	run fast	cook

ride a unicycle	draw pictures	swim well	sing songs

★あなたの知り合いの人のできることを1つ，書いてみましょう。

can

Part 6

2 This is my sister. 身近な人を紹介します
Who is this？／He is my brother. この人は誰？

・目　標：友達や家族のことについて紹介する。
・準備物：□先生クイズ　□先生の写真　□アクティビティ・シート

第三者について，can を用いて紹介していきます。対象は友達や家族とし，3～4文で紹介できるといいでしょう。何を紹介するか（内容）を考え，それを英語でどのように表現するか（言語化）考えるところから，思考力，判断力，表現力等を育成することとなります。

1 導入（10分）

❶ 挨拶を行い，歌を歌い，曜日，日付，天気などの確認をする。（3分）

❷ 先生クイズを出す。（7分）

　アクティビティ・シートを配付し，先生クイズを行います。これは前回行っていますので，やり方は，児童は理解していると思います。このように一度やった活動は，2回目，3回目と継続してやっていくと，児童は活動にも慣れ，ねらいとする英語の指導には有効です。

T：Teacher's quiz. I'll give you 3 hints for the Teacher's quiz. Listen and write the answer.
　　No. 1. This is a teacher. He is tall.
　　（tall という時に，背が高いというジェスチャーをする）

C：He ?

C：Tall ?

T：Yes. Five, four, three, two, one.
　　O.K. Hint 2. He can play soccer well.

C：分かった！

T：Hint 3. He cannot eat *sashimi*.
　　O.K. The answer is...

C：○○先生！

T：That's right.（と言って，写真を見せる）

　得点を確認し，第2問に入ります。

〈先生クイズ例〉

	No. 1	No. 2	No. 3
Hint 1	This is a teacher. He is tall.	This is a teacher. She is young and kind.	This is a teacher. He is handsome.
Hint 2	He can play soccer well.	She can play softball.	He can speak English.
Hint 3	He can run fast. He cannot eat *sashimi*.	She can play the piano. She can't touch worms.	He can cook well. He can't sing well.

\ ポイント /

　授業にはユーモアが必要です。No.3は，自分を扱い，そこでわざと，He is handsome.と言いながら，児童は，「まさか…瀧沢先生じゃないよね」とクスクス笑うような遊びを入れるとよいです。で，最後に，どんでん返しで，他の先生が答えだったら，もっと面白いかも知れません。

〈板書〉

Tuesday, October 14th, 2020 ☼ sunny
ねらい：友達や家族の紹介をしよう。

Can he play soccer ?　　Can she play the piano ?

Yes, he can.

No, she can't

2 展開（25分）

❶ 先生クイズを振り返る。（3分）

T：This is Mr. Tanaka. He is tall. He can play soccer well. He can run fast.
　　He cannot eat *sashimi*.　Can you play soccer ?

C：Yes, I can.

T：Can you run fast ?

C：Yes, I can.

T：This is Mana *sensei*. She is young and kind. She can play softball.
　　She can play the piano. She can't touch … worms. Can you touch worm ?

C：No, I can't.

　このように，先生クイズで出した語句を用いて，児童と Small Talk をします。

❷ 友達または家族を紹介する。（22分）

アクティビティ・シートを配り，紹介する人の絵を描きます。

T：今から，みんなの知っている人を英語で紹介します。例えば，そこに書いているように，
（と言って，アクティビティ・シートの英文を示す）読めるかな？ Can you read？
This is my <u>friend</u>, Miki. She is <u>kind</u>. She can <u>run fast</u>.
She can <u>dance well.</u>

> \ ポイント /
> 　外国語では，「読むこと・書くことに慣れ親しむ」というのが目標の１つに入っています。そこで，読む機会をさりげなく設けながら，読むことへの興味や関心をもたせ，また，読むことへの抵抗感をなくしていきたいです。

T：こんな感じで，みんなも友達や家族，知り合いの人を英語で紹介します。では，紹介したい人の絵を描きましょう。簡単でいいです。じゃ，先生の見本を見せますので，見ていてください。
This is my friend, Yutaka. He is funny and a good teacher. He can play basketball.
He can speak English and Korean. Thank you.
できるだけ，教師の見本を見せ仕上がりイメージをもたせます。

Pair Work ペアで絵を見せ合いながら，紹介します。
T：廊下側，stand up. 絵を見せながら，紹介してください。終わったら座ります。Let's Start.

終わったら交代させ，今度は，窓側が立って紹介を始めます。
終わったら，「他に，こんなことが言いたかった…ってことありませんか」と尋ね，表現を補うようにします。
その後，ペアを数回変え，紹介していきます。
最後に，可能であれば，数人に前に出てきてもらって，紹介する時間を設けるとよいでしょう。

Writing アクティビティ・シートに２文書きます。

❸ まとめ（5分）

振り返りカードへの記入を行い，学んだことなどを発表させます。

できること・できないこと

Step 1　ヒントを聞いて，クイズに答えましょう。
　　　　早いヒントで正解した方が得点が高くなります！

	No.1	No.2	No.3
ヒント1（10点）			
ヒント2（5点）			
ヒント3（3点）			

Step 2　あなたの友達や家族の絵を描いて，その人を例にならって，紹介してみましょう。

例）This is my friend, Miki.
　　She is kind.
　　She can run fast.
　　She can dance well.

〈Word Bank〉

兄弟　brother　姉妹　sister

父　father　　　母　mother

祖父　grandfather

祖母　grandmother

Step 3
★あなたの知り合いの人のできることを1つ，書いてみましょう。

This is my

can

Part 6

Part6　できることの指導アイデア

3

This is my sister.　身近な人を紹介します
Mana is good at cooking.　マナは料理が得意です

・目　標：「〜は，○○が得意です」と伝えることができる。
・準備物：□キャラクター・クイズ　□キャラクターの絵カード　□ゲーム用シート

友達や家族のできることを紹介する際，can と同じような意味で，be good at〜（〜が得意です）が使えます。My father is good at fishing. My mother is good at cooking. のように，be good at の後ろの動詞は ing 形となり，名詞扱いになりますが，My mother is good at tennis.（私の母はテニスが得意です）や，My brother is good at math.（私の兄は数学が得意です）のように，名詞をそのままもってくることもできます。

1 導入（15分）

❶ 挨拶を行い，歌を歌い，曜日，日付，天気などの確認をする。（3分）

❷ キャラクター・クイズを行う。（12分）

　3ヒント・クイズ用のワークシートを配布しキャラクター・クイズを行います。やり方は，児童は知っていますので，Let's play Character Quiz. と言って始めればいいでしょう。

〈クイズ例〉

	No.1	No.2	No.3
Hint 1	This is an anime character. He is a boy.	This is an anime character. He is big.	This is a character. She is cute.
Hint 2	He is good at cat's cradle.	He is good at baseball. He is not good at singing.	She is good at music and English. She can play the piano.
Hint 3	He is not good at baseball.	His song is very bad.	She is a white cat and she is from London.

　答えは，No.1 あやとりが得意。野球は苦手（野比のび太）

　No.2 身体が大きく，野球が得意。でも歌は下手（剛田武＝ジャイアン）

　No.3 かわいいキャラクター。音楽と英語が得意。ピアノが弾ける。ロンドンの出身のネコ（ハローキティ）となります。

❶ キャラクター・クイズを振り返る。（5分）

T：This is Nobita. He is not good at baseball. What is he good at ?

C：あやとり cat's...？

T：Yes. Cat's cradle. He is good at cat's cradle. Are you good at cat's cradle ?

C：Yes. / No.

T：I can..., but I am not good at cat's cradle.

　　This is Goda Takeshi, Jyaian. He is big and strong. He is good at baseball.

　　Who is good at baseball in this class ?

C：Taku and Koji and Hiro.

T：Taku, Koji and Hiro are good at baseball.

〈板書〉

Tuesday, October 18th, 2020 ☼ sunny
ねらい：友達や家族の紹介をしよう。

野比のび太 の絵カード	ジャイアン の絵カード	キティ の絵カード

He is good at math.（算数が得意）
She is good at singing.（歌うのが得意）

Part 6

　このように，キャラクターの特技を確認しながら，児童にも特技を尋ねていきながら，be good at の表現を使っていきます。

❷ Good at ゲームをする。（10分）

　ゲーム用シート（95ページ）を印刷し，配ります。

　ハサミで切らせ，3枚にします。

　カードの見方を説明します。

T：カードは3枚ありますね。そのうち1枚だけ見てください。

　　左側に登場人物が5人いますね。確認しましょう。

　　Repeat after me. Kenji.（**C**：Kenji.　）

T：Miyuki.（**C**：Miyuki.　）登場人物の名前を確認していきます。

T：横いきます。Cat's cradle.（**C**：Cat's cradle.　）イラストの単語を繰り返させます。

やり方を説明します。

T：○は，その人が得意としているものです。×は得意でないものです。
5人の中から，誰でもいいです。1人○をして下さい。

C：（児童は○をする）

T：今から，その○をした人物になり切って，答えてください。
ジャンケンします。
ジャンケンに勝った人は，Are you good at cat's cradle？ Are you good at fishing？ のように2回，質問することができます。
相手の答えを聞いて，相手が誰だか当てます。当たったら，そのシートがもらえます。
ちょっと，デモンストレーション。やってくれる人？

見本を見せます。

C1：はい。

T：Thank you. Let's do *janken*. Rock, scissors, paper, one, two, three.
C1さんが勝ったので，2つ質問してください。

C1：Are you good at cat's cradle？

T：No, I'm not.

C1：Ummm？　Are you good at cooking？

T：No, I'm not！

C1：Are you Hiro？

T：Yes, I am.（カードを渡す）当てられたら，そのカードを相手にあげます。手元に3枚ありますので，取られたら残りの2枚も，人物にどこか○をして，やりましょう。

Class Work　ゲームを行います。

T：I'll give you 5 minutes. 誰が一番，カードをゲットできるでしょうか。Stand up.

約7分間ゲームを行った後，席に着かせカードの枚数を確認します。

❸ 友達や家族の得意なことを伝え合う。（5分）
ペアやグループで友達や家族についてやり取りを行い本時の学習の達成度を確認をします。

❸ まとめ（5分）

振り返りカードへの記入を行い，学んだことなどを発表させます。

	cat's cradle	baseball	math	cooking	fishing
Kenji	O	O	×	×	O
Miyuki	O	×	×	O	×
Yutaka	×	×	O	O	O
Maiko	O	O	×	×	×
Hiro	×	×	O	×	O

	cat's cradle	baseball	math	cooking	fishing
Kenji	O	O	×	×	O
Miyuki	O	×	×	O	×
Yutaka	×	×	O	O	O
Maiko	O	O	×	×	×
Hiro	×	×	O	×	O

	cat's cradle	baseball	math	cooking	fishing
Kenji	O	O	×	×	O
Miyuki	O	×	×	O	×
Yutaka	×	×	O	O	O
Maiko	O	O	×	×	×
Hiro	×	×	O	×	O

Part 6

This is my sister. 身近な人を紹介します
Hiro is very kind. ヒロはとてもやさしいです

・目　標：人の特徴やよさを表す語を知り，紹介文で活用することができる。
・準備物：□3ヒント・クイズ　□クイズ用写真　□絵カード　□アクティビティ・シート

人物を紹介する時に，その人の人柄を紹介したいということは多々あります。しかし，なかなかその人を表す語を知らなかったり，どのように表現してよいのか分からなかったりすることもあります。そこで，今回は，人の「特徴」や「よさを表す語」を扱い，紹介文で活用できるようにします。

1 導入（15分）

❶ 挨拶を行い，歌を歌い，曜日，日付，天気などの確認をする。（3分）

❷ 3ヒント・クイズを行う。（12分）

アクティビティ・シートを配り，クイズを出します。

T：Let's play 3 hint quiz.

　　No.1.　Hint 1. This is an animal. It is good at jumping.

C：跳ぶ？　あ，あれか？　あれ？　あれもあるな。（児童は答えを書く）

T：Hint 2.　It is clever.

C：Cleverって何？

T：Clever is 賢い. It is clever.

C：う〜ん。（児童は答えを書く）

T：Hint 3. It is good at swimming. It is a sea animal.

C：あ〜〜あれか！　どっちだ？

T：Can you say it in English？

　　The answer is....

C：Dolphin！

T：That's right.（と言って，写真を見せる）

＼ ポイント ／
このような活動の中で，人や物の特徴を表す語を入れていきます。

〈クイズ例〉

	No.1	No.2	No.3
Hint 1	This is an animal. It is good at jumping.	This is an anime character. She is 24 years old.	This is a mascot character. He is a fruit.
Hint 2	It is clever.	She is bright, but she is sometimes careless.	He is funny. He is talkative.
Hint 3	It is good at swimming. It is a sea animal.	She is good at running.	He is from Funabashi city, Chiba.

2 展開（20分）

❶ 3ヒント・クイズで使われた語を中心に振り返る。（5分）

T：What's this ?

C：It's a dolphin.

T：Yes. It is good at jumping. We can see a dolphin jumping to a ball.
（イルカがボールに向かってジャンプしている写真を見せる）

T：It is a clever animal.
（と言って，賢いを表す絵カードを見せ，黒板に貼る）

T：Are you clever ?

C：No....

T：This is Sazae‐san. She is good at running. Why ?

C1：いつもカツオを追いかけているから…。

T：Yes. She is always running after Katsuo, so she is good at running.
She is sometimes careless. Careless. おっちょこちょい。
She is a bright mother. 明るい母さん. Bright mother.

T：This is Funachi. ... He is very funny. He is talkative.

　このように，「イルカ」「サザエさん」「ふなっしー」と振り返りながら，本時のねらいである「人のよさや特徴を表す語」を確認していきます。

❷ 友達について語る。（10分）

　特徴を表す語句を児童から引き出すようにします。

T：How about your friends ? Who are your friends ?　　**C1**：Takeru, Kenta, Minoru, ...

T：Tell me about Takeru.　　**C1**：He is a good friend.

T：Nice.（good を表す絵カードを黒板に貼る）

He is good. How about Kenta ?

C1：He is 元気 ....

元気って何て言うのですか。

T：Active.（active を表す絵カードを黒板に貼る）

C1：He is an active boy.

Pair Work　ペアで友達を紹介し合います。

T：Let's talk about your friend with your partner. Make pairs.

C：（ペアと机を向かい合わせる）

T：I'll give you 45 seconds. Keep talking ! Let's start.

Small Talk

C1：Hi.

C2：Hi.

C1：Taku is my friend. He is very kind.

He is good at sports. How about you ?

C2：Miki is my friend. She is kind too.

I like Miki. She is good at piano.

C1：Do you play the piano ?

C2：Yes, I do.

I go to the piano lesson on Wednesday.

C1：Nice.

C2：Do you play sports ?

C1：Yes. *Judo.*

C2：Are you strong ?

C1：Yes !

❸ ペアワークで言えない表現があったか確認する。（5分）

T：今，話してみて，こんなことも言いたかった…ということありますか？

C1：「まじめ」って何て言うんですか。

T：ちょっと難しいけど，honest　でいいです。Who is honest ?

C1：Saki chan is honest.

Writing　アクティビティ・シートで，人物を1人選び特徴を書かせます。

3 まとめ（5分）

振り返りカードへの記入を行い，学んだことなどを発表させます。

アクティビティ・シート Class（　） Number（　） Name（　　　　　　　　）

人のよさや特ちょうを表す言葉

Step1　ヒントを聞いて，クイズに答えましょう。早いヒントで正解した方が得点が高くなります！

	No.1	No.2	No.3
ヒント1（10点）			
ヒント2（5点）			
ヒント3（3点）			

Step 2　イラストを参考に，あなたの友達や家族を紹介してみましょう。

clever	bright	careless	funny
talkative	kind	rich	happy

★あなたの友達や家族のうちの1人について，その人の特ちょうを書いてみましょう。

1

Where do you want to go？　どこに行きたい？
I want to go to France.
私はフランスに行ってみたい

・目　標：行きたいところを尋ねたり，答えたりすることができる。
・準備物：□国の絵カード　□アクティビティ・シート

　　コミュニケーションを図ろうとする意欲には，国際指向性（外国に興味関心を抱く等）の高まりが，英語学習への意欲付けにつながることが研究から明らかになっています。「海外に行ってみたい」「外国の生活に興味がある」「海外の出来事に関心がある」等の気持ちが英語を勉強したいという意欲につながることは容易に想像できます。本題材は，まさしく児童の国際指向性を高めることも視野に入れながら，学習を進めたいと思います。

1　導入（10分）

❶ 挨拶を行い，歌を歌い，曜日，日付，天気などの確認をする。（3分）

❷ 行ったことのある国，行きたい国を話題にする。（7分）

　　Teacher's Talk　教師が行ったことのある国，また行きたい国を，画像を見せながら，海外への興味関心をもたせるようにします。

T：Look at this picture. Do you know where it is？　Where is it？

C1：Australia.

T：Yes. I went to Australia when I was 27 years old. I went to Sydney. It was a beautiful city and its harbor was also beautiful. I like English, so I went to many countries. I went to more than 10 countries. Which countries did I go？　Please guess.

　　と言って，今までに行ったことのある国を想像させます。

C2：America.

T：Yes！　I went to America.（アメリカの写真）I went to America twice. And...？

C3：China.

T：No, I didn't.

C4：Singapore？

T：Yes.

　　このように，海外に行ったところを児童から出させながら，世界には色々な国があることに

気付かせます。

〈板書〉

Friday, January 12th, 2021 ❄ snowy
ねらい：行きたい国をたずねたり，答えたりしよう。

America　Singapore　Vietnam　Thailand　Philippines　Australia　Korea　Indonesia　Italy
England　Taiwan

2 展開（25分）

❶ 行きたい国を尋ね基本表現を確認する。（8分）

T : I went to America, Singapore, Vietnam, Thailand, the Philippines, Australia, Korea, Indonesia, Italy, England, and Taiwan. My favorite country is Italy. I enjoyed eating pizza and pasta. I saw many arts too. I was really excited. Where do you want to go ?

C1 : America.

C2 : Australia.

C3 : Korea.

C4 : Italy.

T : Oh, I want to go to Italy again. Where do you want to go ?

C5 : I want to go to France.

T : France. I want to go to France too. Where do you want to go ?

C6 : I want to go to Hawaii.

T : Yes ! I want to go to Hawaii too. Where do you want to go ?

> \ ポイント /
> 　児童とやり取りを行いながら，教師が I want to go to... と言ってから，Where do you want to go？と質問していく方法で，できるだけ I want to go to... という文を，たくさん聞かせるようにします。

❷ 国名を教える。（5分）

絵カードで色々な国を導入します。

T：Look at this？ Where is this？（と言って，自由の女神の絵を見せる）

C：America.

T：Yes. It's in America. I want to see 自由の女神． I want to go to New York. Where is this？（エアーズロックの絵）It's in Australia. I want to climb this big rock. This is not a mountain. It's a rock.

その後，国名を繰り返させ，同名の言い方を確認し発音練習をします。

❸ 行ってみたい国をテーマに友達と伝え合う。（12分）

Pair Work アクティビティ・シートを配付し，どこに行きたいか伝え合います。

T：O.K. Where do you want go？ Let's choose three countries. I want to go to America, Spain and Germany. I want to see 自由の女神 in America. In Spain, I want to see beautiful arts. In Germany, I want to eat sausages and drink German beer. So, I want to go to America, Spain and Germany. Choose three countries.

3つの国を選ばせることで，次の児童同士の Small Talk での話題を豊かにさせ，長く対話をさせることをねらいとしています。

C1：Hello. I want to go to Australia, France and Korea.

C2：Australia, France and Korea. Why？

C1：I want to touch koalas. They are cute. In France, I want to eat フランスパン． In Korea, I want to eat キムチ．

C2：Great.

数名に質問しながら，行きたい国が言えるかどうか確認します。

Writing 行きたい国をアクティビティ・シートに英語で書きます。

3 まとめ（5分）

振り返りカードへの記入を行い，学んだことなどを発表させます。

どこに行きたい？

★イラストを参考に，行きたい国を友達と伝え合ってみましょう。

America	Brazil
Canada	Australia
Egypt	France
Germany	England
Italy	Korea
Russia	Spain
Thailand	India
Singapore	Mexico

★あなたの行きたい国はどこですか？　２つ書いてみましょう。

I want to go to

2 Where do you want to go？ どこに行きたい？
What do you want to do？ 何をしたいの？

・目　標：行きたい国の理由を伝え合う。
・準備物：□国旗カード　□アクティビティ・シート

前 時で行きたい国を伝える場面で，必然的に理由も話題になりました。そこで，今回は，理由をしっかり言う練習をします。取り上げたい基本表現は，What do you want to do？（何がしたいですか）です。

1 導入（15分）

❶ 挨拶を行い，歌を歌い，曜日，日付，天気などの確認をする。（3分）

❷ 国名の復習をする。（2分）

国旗カードを見せながら，国名を確認し，前時の復習をします。

国旗カードは，黒板にバラバラに貼っていきます。

❸ ミッシング・ゲームをする。（7分）

バラバラに貼った国旗カードを用いて，ミッシング・ゲームを行います。

❹ どこに行きたいか尋ね，前時の復習をする。（3分）

T：There are many countries in the world.

Let's talk about "Where do you want to go？"

Where do you want to go？

C1：I want to go to Spain.

T：Oh, nice.（と言って，Spain の国旗を貼り，C1の名前を書く）

Where do you want to go C2？

C2：I want to go to England.

T：Oh, England. It's a beautiful country.

（と言って，England の国旗を貼り，C2の名前を書く）

Where do you want to go, C3？

C3：I want to go to Italy.

T：Italy is a popular country.（と言って，Italy の国旗を貼り，C3の名前を書く）

このように，10名ほどに質問し，黒板に行きたい国と児童の名前を記録していきます。

〈板書〉

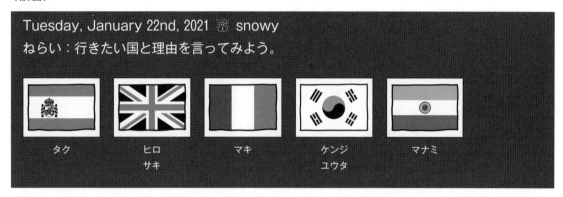

Tuesday, January 22nd, 2021 ❄ snowy
ねらい：行きたい国と理由を言ってみよう。

タク	ヒロ	マキ	ケンジ	マナミ
	サキ		ユウタ	

② 展開（20分）

❶ 行ってみたい国で何がしたいか言う。（5分）

T：You want to go to Spain, Taku ?

Taku：Yes.

T：What do you want to do in Spain ?　Do you want to dance flamenco ?

Taku：No. I want to play soccer. I like soccer.

T：Oh, that's nice. How about you, Hiro ?

　　　What do you want to do in England ?

Hiro：I want to ピーターラビットに会いたい。

T：You want to meet Peter Rabbit.

Hiro：Yes. I want to meet Peter Rabbit.

T：I went to England and met Peter Rabbit two years ago.

Hiro：Really ?

T：Yes.　It was cute !

このように，導入部で質問した児童に，何をしたいのかを質問していき，理由を言う表現を児童からできるだけ引き出すようにします。

❷ 行きたい国と何がしたいか伝え合う。（15分）

アクティビティ・シートを配付し，語彙を確認します。

T：行ってみたい国で，どんなことがしたいかを今日は伝え合ってもらいたいと思います。

Look at the Activity Sheet.

例えば，オーストラリアだと，「コアラが見てみたい」という人もいるでしょうね。

I want to see … koalas. でいいですね。Repeat after me. See. （**C**：See.）

T：See koalas.（**C**：See koalas.）

基本表現を確認します。

T：「何がしたい」って，何て言うんだろう？ 　　**C**：What … do you want to … ?

T：Do？.... What do you want to do？ 　　　　**C**：What do you want to do？

T：Good.（と言って，板書する）

〈板書〉

What do you want to do in … ?
I want to ......

Class Work 　自由に立って，友達の行きたい国とそこで何がしたいか尋ねさせます。

T：今から，黒板に書いてない友達のところに行って，どこに行って，何がしたいか，質問しに行ってみよう。Demonstration！ Hi！

C：Hi.

T：Where do you want to go？

C：I want to go to Taiwan and Korea.

T：Oh, Taiwan and Korea. What do you want to do in Taiwan？

C：I want to eat タピオカ.

T：Nice. こんな風にやっていきます。

時間を10分程度とります。この時，教師も一緒になって児童と会話するようにします。

約10分後，数名に質問にしながら，どの程度，本時のねらいが達成できているか確認します。

Writing 　行きたい国と，そこで何がしたいかをアクティビティ・シートに書きます。

3 まとめ（5分）

振り返りカードへの記入を行い，学んだことなどを発表させます。

　　アクティビティ・シート　Class（　）　Number（　）　Name（　　　　　　　　　）

何がしたいの？

★外国に行って，どんなことがしたいですか？　友達と夢を語り合いましょう！

see	eat	enjoy	swim
watch	meet	visit	play

★あなたが行ってみたい国と，そこで何がしたいか書いてみましょう。

I want to go to

I want to

自己評価　　　4　できた　3　どちらかというとできた　2　どちらかというとできない　1　できない

①行きたい国と，その理由を言うことができましたか。　　　　4　　　3　　　2　　　1

②友達と1分間，対話を続けることができましたか。　　　　4　　　3　　　2　　　1

③自分の言いたいことがうまく表現できなかった時に，どのような工夫をしましたか。

3

Where do you want to go？　どこに行きたい？

You can enjoy swimming.　色んな国での色んな楽しみ方

・目　標：国のよい所などおすすめを友達と伝え合う。
・準備物：□国名クイズ　□観光パンフレット　□アクティビティ・シート

い　よいよ，自分の行きたい国のおすすめを友達に紹介する学習活動になります。前回の学習を活用して，友達に色々な国のおすすめを伝え合います。最初は，教師の国名クイズで，ヒントの中に，国を紹介する文を入れていくようにします。それにより，児童に国名紹介で使われる英語表現を活かせるようにしていきます。

1 導入（15分）

❶ 挨拶を行い，歌を歌い，曜日，日付，天気などの確認をする。（3分）

❷ 国名クイズを行う。（12分）

クイズを行います。やり方は，3ヒント・クイズ方式で，だんだんと答えが分かるようにヒントを組み立てていきます。

T：Let's play 3 hint quiz.

　　Quiz1 Hint1. This is a big country.

C：え？　それだけ？

T：Yes！ It's a big country. Hint 2. You can enjoy delicious beef steak.

C：アメリカかな？

T：Hint 3. You can see kangaroos and koalas.

C：あ〜。

T：The answer is...

C：Australia.

T：That's right. ヒント1で当たった人？…10点です。ヒント2？　5点。

　　ヒント3？　3点。当たらなかった人？　マイナス1点です。

> \ ポイント /
> このように，本時のねらいとする英語表現をクイズの中に意図的に入れておき，耳に慣れさせておきます。以下，クイズ例は，次ページにあります。

〈クイズ例〉

	No. 1	No. 2	No. 3
Hint 1	This is a big country.	This is a country in Asia.	This is a beautiful country.
Hint 2	You can enjoy delicious beef steak.	You can see old temples.	You can ski.
Hint 3	You can see kangaroos and koalas.	You can eat delicious curry.	You can see Niagara Falls.
答え	オーストラリア	インド	カナダ

② 展開（20分）

❶ 国名クイズを振り返る。（5分）

T：Now, you can see Australia, India and Canada here.

In Australia, you can see kangaroos and koalas. You can enjoy delicious steaks. Augie beef is thick and great.

In India, you can eat curry. I want to go to India and try curry in India and I want to go to famous temples.

This is Canada. You can ski. The snow is wonderful and beautiful. I love to go there in the future. You can see beautiful mountains in fall.

〈板書〉

Tuesday, October 18th, 2020 ☼ sunny
ねらい：お気に入りの国を紹介しよう。

オーストラリア　インド　カナダ

You can see ....
You can enjoy ....
You can eat ....

このように振り返りながら，適宜，写真などで見せていくとよいでしょう。

❷ 自分のおすすめの国のよい所を考える。（15分）

アクティビティ・シートを1人1枚ずつ配ります。

行きたい国を1つ選ばせ，英文で書かせます。

行きたい国のよい所を考えさせます。

(例)

イギリス	You can eat fish and chips. You can see the Big Ben. You can see many sheep. You can enjoy watching old buildings.
韓国	You can enjoy Korean food. You can see temples. You can enjoy shopping.
中国	You can visit the Great Walls. You can enjoy Chinese food. You can see pandas. You can go to Disneyland.
アメリカ	You can see the Statue of Liberty. You can enjoy Disneyland. You can eat big steak. You can see the Grand Canyon.
スイス	You can see beautiful nature. You can climb mountains.

\ ポイント /

まだ外国のことをよく知らない児童にとって，国は知っていても，その国でどんなことができるかよく分からないと思いますので，旅行会社のパンフレットをたくさん教室に用意しておき，行ってみたい国のパンフレットを見ながら，見どころを考えさせるようにするとよいです。

Pair Work　ペアとおすすめの国について伝え合います。

C1：Hello.

C2：Hello.

C1：I want to go to Egypt. You can see pyramids.
They are great. Where do you want to go ?

C2：I want to go to Mexico.
You can enjoy singing songs.

C1：Do you like singing songs ?

C2：Yes, I do. How about you ?

活動後，教師は児童数名に質問し，達成度を確認します。

Writing　おすすめの点を2つ，アクティビティ・シートに書くよう指示します。

3 まとめ（5分）

振り返りカードへの記入を行い，学んだことなどを発表させます。

110

おすすめの国をしょうかいしよう

Step1　ヒントを聞いて，クイズに答えましょう。
　　　　早いヒントで正解した方が得点が高くなりますよ！

	No.1	No.2	No.3
ヒント1（10点）			
ヒント2（5点）			
ヒント3（3点）			

Step 2　あなたの行きたい国はどこですか。英文で書いてみましょう。

I want to go to

Step 3　その国では，どんなよいことがありますか。例文を参考に２つ書いてみましょう。

例)　You can see pyramids.

❶

❷

Part 7

4

Where do you want to go？ どこに行きたい？
This is my favorite country. おすすめの国を紹介しよう

・目 標：おすすめの国を発表する。
・準備物：□ Teacher's Talk で使う写真 □アクティビティ・シート

話 すことには，［やり取り］と［発表］があります。今回は，［発表］という方式を取った活動にしてみたいと思います。発表にも，ペアでの発表，グループでの発表，そして，クラスのみんなの前での発表があります。相手意識をもち，相手に伝えようとする発表の仕方をきちんと教えるよい機会となります。

1 導入（15分）

❶ 挨拶を行い，歌を歌い，曜日，日付，天気などの確認をする。（5分）

❷ 行きたい国の発表を見る。（5分）

Teacher's Talk 教師の見本，もしくは，過去の児童の発表ビデオを見せ，本時の学習を理解させます。

T：Hello. This is my favorite country.

I want to go to England.（イングランドの写真）

You can see Big Ben, Tower Bridge, and London Bridge.

You can see Peter Rabbit too.（ピーターラビットの絵）

He is cute. I want to meet him.

You can enjoy fish and chips.（フィッシュ・アンド・チップスの写真）

They are big and delicious.

Let's go to England.

\ ポイント /
行きたい国とおすすめのポイントを話しながら，約30秒のプレゼンを行います。

❸ 本時の学習内容の確認をする。（5分）

T：今日は，おすすめの国の発表をしたいと思います。

と言って，アクティビティ・シートをB4の大きさの画用紙に印刷し，配付します。

② 展開（20分）

❶ おすすめの国の写真を貼ったり，絵を描いたりする。（10分）

活動を説明します。

T：観光パンフレットなどを切って貼ったり，絵を描いたりして，おすすめの国のよい所，観光スポットなどを紹介します。

よい所は，できたら３つ。もしなければ，２つでも構いません。

観光する所や見る所，美味しい食べ物，芸術作品など，その国のよさを写真を貼ったり，絵を描いたりして，伝えます。

時間は，10分です。

> \ ポイント /
>
> 　教師は，机間指導しながら助言をします。また，児童は「英語で何と言うのですか」という質問をしてくると思いますので，英語にできるものは英語で言わせ，難しい場合は，日本語で言わせてもいいでしょう。例えば，「自由の女神」は，the Statue of Liberty ですが，これは，「自由の女神」とだけ言ってもいいでしょう。

机間指導します。

❷ ペアで，おすすめの国を伝え合う。（10分）

Pair Work　ペアにさせ，発表させます。

T：Now, you are going to talk about "What is your favorite country ?"

Make pairs and move your desks together.

C：（机を向かい合わせる）

T：廊下側 , stand up.

Show your pictures and talk about your country.

When you finish, sit down. Ready, start.

Presentation

C1：Hi.（**C2**：Hi.）

C1：This is my favorite country. I want to go to Italy. You can see ピサの斜塔 and コロシアム．　They are old buildings. Look at this. This is Italian pizza. You can eat pizzas too. They are delicious. This is Gondora. You can enjoy a boat trip in Venice.

Let's go to Italy.

交代します。

T：O.K. 窓側，stand up. Let's start.

中間評価を行います。

T：振り返りをします。写真や絵を，しっかり相手に見えるようにして，見せた人？

C：（手をあげる）

T：ゆっくり，はっきりと英語を話し，伝えようとした人？

C：（手をあげる）

T：ジェスチャーなどを使いながら，自分の思いを伝えようとした人？

C：（手をあげる）

〈プレゼンの評価の観点〉

　①作品等，相手によく見えるように見せ方を工夫している。

　②ゆっくり，はっきりした英語で伝えようとしている。

　③身振りや動作で，気持ちを伝えようとしている。

＼ ポイント ／

　ペアで数回練習した後は，次のような展開があります。

展開1　グループで発表する。

　ペアとペアをくっつけて，4人組のグループにして，1人ずつ，立って発表していく。

　1人1分でも，4〜5分で終えることができる。

展開2　クラスのみんなの前で発表する。

　順番に，黒板の前に出てきて，どんどん発表する。ビデオで撮っておき，次年度の児童に見せることも事前に伝えておく。やや，忙しくなるので，2時間扱いとし，次の時間での発表でもよい。

展開3　ポスター形式で発表する。

　クラスの席を移動させ，壁側や窓側に机を寄せ，そこにブースを設ける。クラスを2分し，最初のグループがブースに入り，お気に入りの国を，来た児童に対して説明をする形式にする。自分の行きたいところを見学できるので，聞く側の主体性も大事にされる。

---

3 まとめ（5分）

振り返りカードへの記入を行い，学んだことなどを発表させます。

This is my favorite country.　わたしのおすすめの国

★おすすめの国の写真をはったり，絵を描いたりしましょう。

Part 7

1

What would you like？　何が食べたい？
What do you want to eat？　ビュッフェで何を食べる？

・目　標：食べたいものを尋ねたり，答えたりすることができる。
・準備物：□ビュッフェの写真　□ゲーム用カード

食べ物は，児童も楽しみにしている話題の1つです。小学校4年生では，オリジナルパフェやオリジナルパフェを作ることを通じ，What do you want？という表現を学びます。小学校5年生では，それを丁寧に言う表現 What would you like？を扱います。本時では，want to ～の語句を用いながら，食べたいものを尋ねる表現を学習します。

1 導入（10分）

❶ 挨拶を行い，歌を歌い，曜日，日付，天気などの確認をする。（3分）

❷ 朝食で何を食べるが尋ねる。（7分）

　Teacher's Talk　教師がよく朝に食べるご飯を話題にし，児童と会話します。

T：Hello. Look at this picture. I went to Kyoto last weekend. This is my breakfast.
　　I went to the buffet. There were many foods there. I like Japanese food, so I want to eat
　　egg, *natto*, *miso* soup, sausage, and salad. What do you want to eat？

C1：I want to eat sausage, spaghetti, bacon, and salad.

T：Which do you like, *miso* soup or corn soup？

C1：*Miso* soup.

\ ポイント /

　たくさんある食べ物の中で，どれを食べたいか尋ねる表現には，What do you want？　What do you want to eat？　What would you like？ の３つの言い方があります。英語の授業では，身の回りにアイデアが転がっています。授業で使えると思ったものは，私はその場で買たり，または写真を撮ったりして，いつ授業で使うか分からないですが，とりあえず，手元におくようにしています。今回のビュッフェで色々な食べ物があるところから，本単元で使えるのではないかと思って写真を撮っておいたものです。

②展開（25分）

❶ 食べ物の語彙を導入する。（5分）

　黒板に食べ物の絵カードを貼りながら，英語での言い方を確認していきます。

T：Look at this. This is spaghetti. Repeat. Spaghetti.　　**C**：Spaghetti.

T：Curry.　　**C**：Curry.

Friday, February 10th, 2021 ☼ sunny
ねらい：何が食べたいかたずねたり答えたりしよう。
食べ物の絵カード

❷ カードゲーム「何が食べたい？」をする。（20分）

　食べ物の絵カードを配ります。

　ゲーム用カード（p.119）を色画用紙などに印刷し，1人5枚ずつ配ります。

　やり方を説明します。

T：今から友達とジャンケンをします。

　　ジャンケンに負けた人は，自分の持っている食べ物を英語で言います。

　　I have egg, sausage, spaghetti, yogurt, and salad.

　　その後で，「何が食べたい？」What do you want to eat？ と尋ねます。

　　ジャンケンに勝った人は，その中で自分が食べたいものを1つ言います。

Part 8

I want to eat spaghetti.

ジャンケンに負けた人は，スパゲッティを相手にあげます。

そしたら，Thank you. とお礼を言って Good bye. と言って別れます。

見本を見せます。

T：Any volunteer ?		**C1**：Yes.
T ＆ C1：Rock, scissors, paper. One, two, three.		
T：I have salad, egg, *natto*, *miso* soup and rice.		
What do you want to eat ?		**C1**：I want to eat *natto*. I love *natto*.
T：Here you are.		**C1**：Thank you. Good bye !

Class Work　ゲームをします。

T：O.K. Stand up. I'll give you 5 minutes. 自分の食べたいものをできるだけたくさんあつめましょう！　Ready, Go !

＼ ポイント ／

　教師も児童とやりながら，ゲームを楽しみましょう。ジャンケンをして勝つと食べ物がもらえるので，気合が入ります。また，児童の中に入ってやることで，児童が英語をどの程度使えているのかを確認することができます。

カードを集計する。

T：How many cards do you have ?	**C1**：I have ten.
T：Really ? What do you have ?	**C1**：Sausage, spaghetti, two rice, *miso* soup,three
	hamburger steaks.
T：Three hamburger steaks ?	**C1**：yogurt and seaweed.
T：Wow, you'll be full. （お腹いっぱいになっちゃうね）	

何が食べたいか児童に尋ね，どの程度，言えるようになったか確認します。

❸ まとめ（5分）

振り返りカードへの記入を行い，学んだことなどを発表させます。

sausage	*natto*	*miso* soup	bread
bacon	fried egg	*umeboshi*	seaweed
rice	curry	fish	salad
steak	spaghetti	sandwich	hamburger steak
cake	pudding	yogurt	almond jerry

Part 8

2 What would you like? 何が食べたい？
Natto is very healthy. 食べ物の味や特徴

・目　　標：食べ物の味や特徴を伝えることができる。
・準備物：□果物の絵カード　□味を表す絵カード　□アクティビティ・シート

食べもので話題になるのは，味やその特徴です。味には，sour（すっぱい），sweet（甘い），hot（辛い），salty（しょっぱい）等の表現があります。また，healthy（健康にいい）や，oily（脂っぽい），juicy（みずみずしい）等の特徴を表す語があり，児童に教えるにはちょうどよい時期となります。

1 導入（15分）

❶ 挨拶を行い，歌を歌い，曜日，日付，天気などの確認をする。（3分）

❷ Small Talk で好きな果物をテーマに伝え合う。（12分）

Teacher's Talk どんな果物がお気に入りか児童と話題にします。

T：Look at these fruits. My favorite fruit is watermelons. They are sweet and juicy.
　　I like eating watermelons in summer. They are delicious. How about you?
　　What fruit do you like?

C1：I like bananas, peaches, watermelons and grapefruit.

T：You like bananas, peaches, watermelons and grapefruit. What is your favorite fruit?

C1：My favorite fruit is bananas.

T：Why?

C1：They are delicious.

T：Do you eat bananas every day?

C1：No. Sometimes.

　このように，味についての表現を入れながら Teacher's Talk を行った後，児童同士の Small Talk に移行します。

Pair Work 児童同士の Small Talk の1回目を行います。

T：O.K. Make pairs.

C：（机を向かい合わせ，ペアになる）

T : Talk about fruit. I'll give you one minute. Let's start !

Small Talk

C1 : Hi.

C2 : Hello.

C1 : Let's talk about fruit.

What is your favorite fruit ?

C2 : My favorite fruit is peaches.

C1 : Peaches ? Good. I like peaches too. But why ?

C2 : They are juicy and sweet.

C1 : I like oranges.

C2 : Why ?

C1 : They are すっぱい but 健康によさそう！

C2 : Sour ? すっぱい？健康によさそう．

C1 : I see.

中間評価をします。

T : ペアでどんな会話をしたか思い出してみてください。最初に誰が何と言って，次に誰が何と言いましたか？

振り返りをします。

C1 : 俺が，Hi. と言って，○○さんが，Hi. と言って，その後，俺が質問したんだよね。What fruit do you like ? って…。

C2 : え～と，What is your favorite fruit ? って言ったかな。

C1 : そうだ。俺が What' your favorite fruit ? って聞いて，桃が一番好きだって言ったんだよね。俺は，オレンジが好きなんだけど，酸っぱいって何て言うんだっけ？

C2 : Sour かな？先生に聞いてみようか。あと健康にいいって何て言うんだろう？

T : 振り返りをしてみて，何か言いたかった表現はありましたか？

C2 : 「健康にいい」は，何て言うのですか。

T : 「健康にいい」誰か分かる人いる？

C3 : ヘルシー。

T : Oh, nice. 健康にいい is healthy.

Pair Work　児童同士の Small Talk の２回目を行います。

T : O.K. Change your partners.

C : （児童は１つ席を移動し，違う友達と行う）

T : One minutes. Let's start.

振り返ります。

T：何とか１分間，会話を続けることができた人？　　**C**：（児童手をあげる）

T：何か，言いたい表現ありましたか？　　**C**：何，堅いっていうか，歯ごたえある。

T：例えば，どんな果物？　　**C**：リンゴとか，梨とか…。

T：ああ，それなら，Crispy と言います。

❷ 展開（20分）

❶ 本時のねらいを確認する。（2分）

T：今日は，今，Small Talk で出たように，食べ物の味とか特徴を表す表現を勉強します。

❷ 好きな果物について表現活動を行う。（18分）

絵カードを見せながら，味を表す語の発音等を確認します。

アクティビティ・シートを配ります。

Class Work　自由に立って，好きな食べ物について対話します。

T：Now, talk about your favorite fruit with your classmates. When you listen to this sound,
チン（とベルを鳴らす）change your partners. Stand up. Let's start.

振り返りを行います。数名に質問にしながら，どの程度，本時のねらいが達成できているかどうか確認します。

Writing　自分の好きな果物とその理由について書きます。

T：自分の好きな果物とその理由を書きます。薄い文字は丁寧になぞり，好きな果物とその理由を書きましょう。

C：（児童は書き始める）

T：（数分後）書けた人は，先生のところに紙を持ってきます。

持ってきたシートを見ながら，○をつけ，できるだけ誉めましょう。

❸ まとめ（5分）

振り返りカードへの記入を行い，学んだことなどを発表させます。

どんな味，どんな特ちょうがある？

★食べ物の味についての表現です。

sour	sweet	salty	hot / spicy
bitter	juicy	healthy	crispy

★あなたの好きな果物と，その好きな理由を書きましょう。

I like

- -

- -

- -

自己評価　　　4　できた　3　どちらかというとできた　2　どちらかというとできない　1　できない

①自分の好きな果物と、その理由を言うことができましたか。　　4　　3　　2　　1

②友達と1分間、対話を続けることができましたか。　　4　　3　　2　　1

③自分の言いたいことがうまく表現できなかった時に、どのような工夫をしましたか。

Part 8

3 What would you like？ 何が食べたい？
What would you like？ 何が食べたいですか？

・目　標：食べたいものを伝え合う。
・準備物：□食べものクイズ　□メニュー　□アクティビティ・シート

「外国旅行に行き，レストランに入りました（場面）。予算は2人で100ドルです（状況）。友達と何を食べるか相談しましょう（目的）」と，コミュニケーションを行う目的や場面，状況を設定した活動を行い，その条件の中で，児童は対話します。その様子で，児童の「思考・判断・表現」を評価します。

1 導入（15分）

❶ 挨拶を行い，歌を歌い，曜日，日付，天気などの確認をする。（3分）

❷ 食べ物クイズを行う。（5分）

クイズを行います。やり方は3ヒント・クイズ方式と同じですが，今回は簡単に行います。

T：I'll give you 3 hint quiz. 分かったら，黙って手をあげます。

This is a fruit. It is round. It is red. It is sweet and crispy.

What is it？　　　　　　　　　　　　　　**C**：（手をあげる）

T：In English, one, two？　　　　　　　　　**C**：Apple.

T：Yes. It's an apple.（と言って，りんごの絵を見せます）

\ ポイント /
次のようなクイズを出しながら，テンポよく，味の表現の復習を兼ねて行います。

〈クイズ例〉

No.1	No.2	No.3
This is a fruit.	This is a fruit.	This is a fruit.
It is round and red.	It is small.	It is pink.
It is a healthy fruit.	It is purple or light green.	It is very juicy.
It is crispy.	It's sweet and juicy.	It is sweet.
答え：apple	答え：grapes	答え：peach

❸ マジカル・クイズを行う。（7分）

やり方を説明します。

児童は前後の座席でペアになります。

T：ロッカー側，stand up.

C：（ロッカー側は立つ）

T：黒板側は，黒板を見ないでください。

ロッカー側は，今から先生が黒板に貼る絵カードの物を英語で説明してください。黒板側は，それを聞いて何だか分かったら，英語でも日本語でもいいので，それが何であるか答えます。当たったら，ロッカー側の人は，座ります。日本語やジェスチャーは，使わないで，英語で挑戦してみましょう。

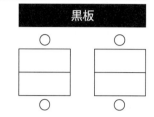

Pair Work　マジカル・クイズを行います。

最初のお題は，簡単な「スイカ（watermelon）」や，「バナナ（banana）」から入るといいでしょう。すべてのペアが終わるまで待つと，立っている児童もやりづらさを感じますので，ある程度のところで切り上げ，座らせます。

前後の児童を入れ替えさせ，これを数回繰り返します。

	お題例	表現例
1	スイカ	It's big and round. It is green and black outside. It is red inside. It's sweet and juicy. We eat it in summer.
2	バナナ	It is long. It's yellow outside. It's white inside. It's a healthy fruit. It is from the Philippines.
3	いちご	It is small. It is red. It is sweet.
4	パイナップル	It's sweet. It is yellow inside. It is from the Philippines.
5	オレンジ	It's round. It is sour. It is orange. It is from America.
6	グレープフルーツ	It's round. It is yellow. It is sour.
7	レモン	It's sour. It is yellow. It's oval.

2 展開（20分）

❶ 基本表現を確認する。（5分）

児童との対話で，基本表現を取り上げます。

T：Now, you are in a restaurant in America.　You can see a menu here.

（と言って，プロジェクターで見せる）　What would you like ?

C1：Steak.

T：Oh, you'd like steak. Steak is nice, but it is 40 dollars. It's too expensive for me.
　　I'd like hamburger steak. It's 20 dollars. What would you like, C 2 ?

C2：I'd like curry and rice.

T：How much is curry and rice ?

C2：It's 10 dollars.

T：I like curry and rice too.

　　基本表現を確認する。

T：どんな食べ物が食べたいか尋ねる時に，どんな英語を使ったらいいですか。

C：What would you like ?

T：そうだね。答える時は…？

C：I'd like ….

T：その他にも，「いくらですか？」っていうのも使えるね。

C：How much is this ?

〈板書〉

> Tuesday, February 10th, 2010 ☼ sunny
> ねらい：何を食べたいかを伝え合いましょう。
>
> | What would you like ? ／I'd like 〜.
> | How much is this ?　　 ／It's 〜dollars.

❷ 食べたいものを伝え合う。（15分）

　　アクティビティ・シートを配ります。

Pair Work　60ドルの予算で，ペアで何を食べるか英語で相談します。

　　活動後には，どんな食べ物を頼むか児童に尋ね，活動後評価します。

Writing　アクティビティ・シートに食べたい物を英語で書くよう指示します。

❸ まとめ（5分）

　　振り返りカードへの記入を行い，学んだことなどを発表させます。

何を食べる？

★外国旅行に行き，レストランに入りました。予算は2人で60ドルです。友達と何を食べるか相談しましょう。

CHO-OISHII Restaurant!

Main Dishes

curry and rice
$10

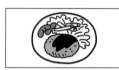
hamburger steak
$15

steak
$40

fried rice
$8

salad
$5

pizza
$9

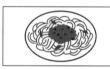
spaghetti
$12

omelet rice
$10

fried chicken
$7

fish and chips
$12

shrimp
$20

Drink & Dessert

juice
$3

pudding
$2

ice cream
$2

french fries
$4

★あなたのたのみたい食事を書いてみましょう。

I'd like _____

4 What would you like？　何が食べたい？
Which do you like better, Japanese food or Western food？
和食と洋食どっちが好き？

・目　標：どっちが好きかを尋ねたり，答えたりすることができる。

・準備物：□和食，フレンチ，イタリアン，中華，韓国料理等の写真　□アクティビティ・シート

食べものの話題で話していると，どっちが好きか尋ねたくなる場面が出てきます。本来は，小学校では学習する文構造ではありませんが，Which do you like better, ～ or ～？ は，フレーズとして覚えれば，そんなに難しい文構造ではありませんので，目の前の児童の実態に合わせて，発展的に指導してみてはどうでしょうか。

1 導入（15分）

❶ 挨拶を行い，歌を歌い，曜日，日付，天気などの確認をする。（3分）

❷ 食べものの話題で，Small Talk を行う。（12分）

　Teacher's Talk　各国の料理の写真を見せながら，話題を膨らませておきます。

T：Japanese food, Chinese food, Korean food, Italian food, French food, and American food. What food do you like？（写真を黒板に貼っていく）

C：American food.

T：You like American food？　What American food do you like？

C：Steak！

T：Only steak？

C：Fried potatoes.

T：Fried potatoes. Which do you like better, steaks or fried potatoes？

C：I like steaks.

T：You like steaks better. Which do you like better, Japanese food or Western food？

C：I like Japanese food.

T：Me too.　I like Japanese food better.

> \ ポイント /
> できるだけ自然な場面で，本時のねらいの表現を言い聞かせていきます。

　Pair Work　児童同士の Small Talk を行います。

T：Make pairs and talk about food.

128

C：（ペアになり，机を向かい合わせる）

T：I'll give you one minutes. Start.

1分後，中間評価します。

Pair Work　児童同士の Small Talk の2回目を行います。

終ったら本時の学習内容の確認をします。

T：今日は，「どっちが好き？」という言い方を勉強します。

② 展開（20分）

❶ 本時の表現を確認する。（10分）

果物や食べ物，スポーツや教科を題材に，本時のフレーズを聞かせます。

T：What's this？　（と言って，りんごの写真を見せ，黒板に貼る）

C：It's an apple.

T：What's this？　（と言って，みかんの写真を見せ，黒板に貼る）

C：It's an orange.

T：（黒板に貼られた写真を指さしながら）

I like apples and oranges, but I like oranges better.

Which do you like better, apples or oranges？

C1：I like oranges.

T：You like oranges better. I like oranges better too.

Which do you like better, apples or oranges？

C2：I like apples....

T：.... better.

C2：Better.

T：You like apples better. Why do you like apples better？

C2：They are sweet.

T：I see. How about you, C3？ Which do you like better, apples or oranges？

C3：I like apples better.

表現を確認します。

T：「どっちが好き？」って，何て言う？

C：Which do you like better... って言ってた。

T：よく聞いていましたね。Which do you like better,〜or〜？　と言います。

　　（あらかじめ用意していたフレーズシートを黒板に貼る）

T：「〜の方が好きですよ」という時は？

C：I like 〜 better.

T：そうですね。最後に better をつけるんですね。

　　　I like 〜 better.　のフレーズシートを黒板に貼る）

　　言い方を練習します。数回，教師の後に繰り返させ，発音や言い方を確認します。

〈板書〉

❷　アクティビティ・シートを用いて，尋ね合う。（10分）

　　アクティビティ・シート配ります。

Pair Work　★1で，どっちが好きか尋ね合い，その話題で会話を1分間，続けさせます。

Pair Work　★2で，動物（犬かネコか），スポーツ（野球かサッカーか）で，1分間会話
　　　　　　を続けさせます。

　　活動後，児童に質問し，達成度を確認します。

Writing　アクティビティ・シートの質問1，質問2に答えさせます。

❸ まとめ（5分）

　　振り返りカードへの記入を行い，学んだことなどを発表させます。

どっちが好き？

★1　次の２つの組で，どっちが好きか友達に聞きながら，「食べ物」の話をしましょう。

❶

Chinese food　　Korean food

❷

Italian food　　Japanese food

★2　次の２つの組で，どっちが好きか友達に聞きながら，「動物」や「スポーツ」の話をしましょう。

❶

dog　　cat

❷

baseball　　soccer

★3　次の質問にあなたのことで答えてみましょう。

質問１　Which do you like better, spaghetti or pizza?

質問２　Which do you like better, spring or summer?

1

Go straight. 道案内をしよう！
Where is my cat？ 僕のネコはどこ？

・目　標：物の場所を伝えることができる。
・準備物：□ネコの絵カード　□アクティビティ・シート

小 学校外国語では，場所を表す前置詞（on, in, under 等）を学習します。導入は，Dr. Seuss の『The Cat in the Hat』の絵本で行い，ネコのいる場所を尋ねながら，on や under を導入していきます。絵カードを併用し，できるだけ多くの英文を聞かせながら，最後は児童同士のペアワークにもっていきます。

1 導入（10分）

❶ 挨拶を行い，歌を歌い，曜日，日付，天気などの確認をする。（3分）

❷ 前置詞の導入「ネコはどこにいるの？」をする。（3分）

　Dr. Seuss の『The Cat in the Hat』の絵本を利用して，前置詞の in を導入します。

T：Look at this book. Can you read the title ?

C：The cat is in the hat.

T：Good. Where is the cat ?（絵本の絵を見せる）

C：In the hat.

T：Yes, the cat is in the hat.

　　（今度は，右のような違う絵を見せて）

　　Where is the cat ?

C：帽子の上.

T：Yes. The cat is on the hat.

　　Where is the cat ?　（右のような絵を見せる）

C：The cat is 帽子の下.

T：Yes. The cat is under the hat.

> **＼ ポイント ／**
> 　使ったイラストは黒板に貼っていきます。in, on, under をここで導入しておきます。その後，実際に TPR（Total Physical Response）の方法で聞いて動作ができるか試します。

❸ 命令ゲーム「Put your textbook ... 」をする。（4分）

T：Do you have a textbook？ Show me your textbooks like this.

　　（と言って，教科書を教師の方に向けるように指示する）

T：O.K. Put your textbook in the desk.

C：（教科書を机の中にしまう）

T：O.K. Now, put your desk on your head.

C：（教科書を頭の上に乗せる）

T：Put your textbook under your chair.

C：（教科書を椅子の下に置く）

T：Put your textbook on your hand.

C：（教科書を手の上に置く）

T：Put your textbook between you and your partner.

　　Between you and your partner.（と2回繰り返す）

\ ポイント /

　このように，in, on, under を使いながら動作化させ，理解度の習熟をあげていきます。また，between も途中で扱いながら，「〜の間」というのを体験的に指導します。

〈板書〉

Friday, February 27th, 2021　cloudy
ねらい：物のある場所を伝えることができる。

In　　　on　　　under　　between

---

2 展開（25分）

❶ ネコのいる場所を問う。（5分）

黒板に貼られている絵カードを見ながら，ネコのいる場所を尋ねます。

T：Look at this. Where is the cat？　　**C**：In the hat.

T：Good. The cat is in the hat.　　　　**C**：The cat is in the hat.

T：Where is the cat？　　　　　　　　**C**：The cat is on the hat.

T：Good. The cat is on the hat.

② ネコのいる場所を英語で伝え合う活動をする。（20分）

アクティビティ・シートを配ります。

児童は，★1のイラストを見ながら，言われた絵を指で指します。

T：Look at ★1. Listen and point to the picture.

The cat is under the hat.

C：（児童は❸の帽子の下にいるネコを指さす）

児童は，★1のイラストを見ながら，ネコのいる場所を英語で言います。

T：Look at the picture No.1. Where is the cat？　　**C**：It's in the hat.

T：Good. No.2. Where is the cat？　　**C**：It's on the hat.

児童は，★2で，教師の言うネコを指で指します。

T：Listen and point to the picture. The cat is in the bed.

C：（ベッドの中のネコを指で指す）

Pair Work　★2　児童は，ペアのネコを当てる活動をします。

T：今からペアのネコがどこにいるか当てます。1つだけ，自分のネコを決めましょう。

C：（児童は，1つだけネコに○をする）

T：今から交互に，相手のネコのいる場所を，Your cat is on the desk. のように言っていき，先に当てた方が勝ちです。では，自分のネコの近くに小さく○をしましょう。1分以内に当てましょう。O.K. Make pairs and move your desk together.

C：（机を向かい合わせ，ペアになる）

T：Do *janken*. ジャンケンに勝った人から先にスタートします。その後は交互に言い合います。先に当てた方が勝ちです。当てたら手をあげます。Are you ready？ Let's start.

振り返ります。絵を見せ，英語で言えるかどうか到達度を確認します。

③ まとめ（5分）

振り返りカードへの記入を行い，学んだことなどを発表させます。

134

アクティビティ・シート　Class （　）　Number （　）　Name （　　　　　　）

私のネコはどこにいるの？

★１　ネコのいる場所を英語で言ってみましょう。

★２　あなたのネコはどこにいるのでしょう？

Part 9

2 Go straight. 道案内をしよう！
Where is the post office？　郵便局はどこですか？

・目　標：場所がどこにあるのかを伝え合う。
・準備物：□地図　□道案内表現カード　□アクティビティ・シート

小 学校4年生の時には，Where is the post office？／Go straight. Turn right. Stop. のような表現を学習します。小学校5年生では，Turn right at the third corner.（3つ目の角で右に曲がります）や，Go for two blocks.（2区画行ってください）のような表現を学びます。

1 導入（10分）

❶ 挨拶を行い，歌を歌い，曜日，日付，天気などの確認をする。（3分）

❷ 道案内の復習をする。（7分）

　道案内のカードを見せながら，4年生で学習したことを復習します。

T：4年生の時に，道案内の表現を勉強したけど，覚えているかな？
　　「まっすぐに行って」って言うのは何って言った？

C：Go straight.

T：そうですね。Go straight. と言いました。straight は，野球のボールでもあるけれど，ストレート，「まっすぐ」という意味なんですね。
　　（「まっすぐ行きます」の道案内カードを見せ，黒板に貼る）
　　では，「右に曲がって」というのは？

C：Turn right.

T：Yes. turn で「曲がる」。right で，「右に」という意味ですね。
　　（「右に曲がる」の道案内カードを見せ，黒板に貼る）

　同様に，Turn left.（左に曲がる），It's on your right.（右側にあります）を提示して，復習とします。

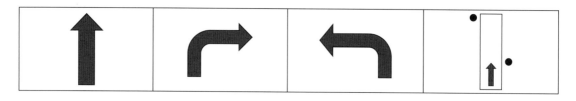

❶ 本時のねらいを確認する。（2分）

T：4年生は，「まっすぐに行って」「右曲がって」という表現を習いましたが，今日は，「どこで曲がるのか」を詳しく説明できるようにしたいと思います。

表現としてはそんなに難しくありませんが，例えば，「2番目の角を右に曲がります」というのは，日付でやりましたが，2番目ですので，second を使います。2番目の角なので，second corner となります。それに Turn right をつけて，Turn right at the second corner. と言います。

❷ 表現の練習を行う。（5分）

絵カードを見せながら，道案内の表現を繰り返させます。

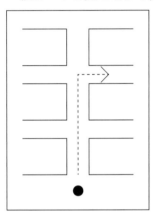

T：Repeat after me. Turn right

C：Turn right.

T：At the second corner.

C：At the second corner.

T：Turn right at the second corner.

C：Turn right at the second corner.

T：3番目の角なら？

C：Turn right at the third corner.

T：Good！

T：あと，「2番目の角を」というのを，「2つブロックを進んでください」というのもあります。Go for two blocks. と言います。

Repeat after me. Go for two blocks.

C：Go for two blocks.

T：「3つ行ってください」なら？

C：Go for three blocks.

T：1つなら？

C：Go for one block.

T：そうですね。では，先生が道案内をしますので，たどって行ってください。アクティビティ・シートを配りますね。

アクティビティ・シートを配ります。

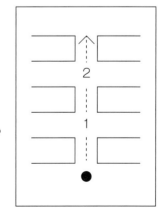

❸ 道案内の練習を行う。（18分）

教師が道案内をし，児童が道をたどってきます。

T：Look at the map. You are in front of the station. You are at A.

Follow me, please. Are you ready ?

C：Yes.

T：Go for three blocks. Turn right. 向きだけ変えます。Go for one block. It's on your left.
さあ，どこでしょう？（必要に応じ，もう一度，道を説明する）

T：Did you get it ? Where are you now ? 今どこにいますか？　Where are you now ?

C：Park ?

T：Yes.　That's right. もう一度たどってみましょう。

Go for three blocks. だから３つ行きます。One, two, three.

Turn right. ですから，そこを右に曲がります。向きだけ変えます。

Go for one block. ですから，一区画，進みます。

It's on your left.　ですから，その間に左側にあるということになり，正解は公園です。

　最初は難しいですが，だんだんと繰り返してやっていくうちに，たどれるようになってきます。難しい場合は，隣の児童と一緒にたどらせるとよいでしょう。

　場所を表す語を練習します。

T：（絵カードを見せて）This is a library. Repeat. library.　　**C**：Library.

Pair Work　ペアで道案内をする。

T：Now, it's your turn. Make pairs and move your desk together.
廊下側が先に，道を案内します。やめと言うまで，場所を変えてやってみてください。
最初のスタート地点を，We are at A.（A にいます）とか，We are at B.（B にいます）のように，スタート地点を確認してから，行いましょう。Ready Go.

およそ３分経過したら，交代させます。

前に出てきて，みんなの前で道案内をします。２名程度にやってもらいます。

3️⃣ まとめ（5分）

振り返りカードへの記入を行い，学んだことなどを発表させます。

道を案内してあげよう！

★道案内の基本表現です。

| Go straight. | Turn right. | Turn left. | It's on your left. |

まちの地図

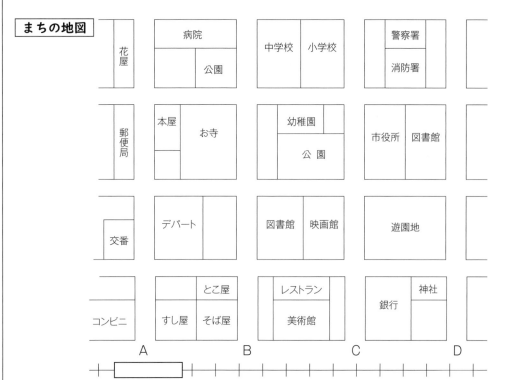

花屋

病院
公園

中学校　小学校

警察署
消防署

郵便局

本屋
お寺

幼稚園
公　園

市役所　図書館

交番

デパート

図書館　映画館

遊園地

コンビニ

とこ屋
すし屋　そば屋

レストラン
美術館

銀行　神社

A　　　　　B　　　　　C　　　　　D

★新しく習う道案内の表現です。

①Go for three blocks.　　②Turn right at the second corner.

3

Go straight. 道案内をしよう！
Go straight. Turn right at the bank. 道案内をしよう

・目　標：道を案内する。
・準備物：□場所を表す絵カード　□アクティビティ・シート

道案内は，面白い活動ですが意外と難しい活動になります。基本表現をしっかり確認しペアワークを行ったり，教師の道案内を聞いたり充分に時間をかけて慣れ親しませましょう。パフォーマンステストで1人ずつ道案内ができるか評価してもよいでしょう。

1 導入（15分）

❶ 挨拶を行い，歌を歌い，曜日，日付，天気などの確認をする。（3分）

❷ 場所の単語を練習する。（7分）

絵カードを見せながら，場所を英語で何と言うか確認し，練習していきます。

T：What's this ?
C：It's a library.
T：Good. Repeat. library.
C：Library.

\ ポイント /

最初は，簡単な語から行います。下記の単語を言えるようにしましょう。

1	図書館	library	11	お寺	temple
2	郵便局	post office	12	神社	shrine
3	警察署	police station	13	デパート	department store
4	消防署	fire station	14	本屋	bookstore
5	小学校	elementary school	15	コンビニ	convenience store
6	中学校	junior high school	16	美術館	museum
7	高校	high school	17	映画館	cinema / theater
8	幼稚園	kindergarten	18	床屋	barber
9	公園	park	19	ガソリンスタンド	gas station
10	遊園地	amusement park	20	市役所	city hall

❸ 前回のアクティビティ・シートを用いて，道案内の復習をする。（5分）

T：前回のアクティビティ・シートを見てください。先生が道を案内しますので，どんな表現
を使って案内したらよかったか，思い出してみてください。

You are at A. Go for two blocks. Turn right. Go straight and turn right at the first
corner. It is on your left. Where are you now ?

C：Library !

T：That's right.

O.K. Next. Go straight. Turn right at the bookstore. Go for one block and turn left.
It is on your right. Where are you ?

C：Junior high school.

T：Great !

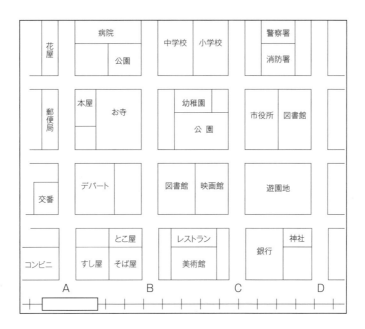

---

2 展開（20分）

❶ 基本表現を確認する。（2分）

T：今，前回の復習をやりましたが，今日はもう1つだけ，道案内の表現を教えます。
Turn right at the bookstore. と言いましたが，どういう意味？

C：本屋で右に曲がる。

T：そうです。私たちも道案内する時に，そこの本屋を右に曲がって…何て言うでしょう。英
語も同じで，Turn right ... at the bookstore. と言えばいいです。

❷ 道案内に慣れ親しむ。（18分）

　アクティビティ・シートを配ります。

　アクティビティ・シートは両面同じものを印刷します。表面は，建物カードを貼りつけ，裏面は，ペアワークの場所案内の際に使います。

　建物カードを貼ります。

T：アクティビティ・シートの下に10個の建物があります。それを切って，上の①〜⑩のところに自由に貼って，自分の町を作ります。どんな街を作りますか？
　　　時間は10分です。

C：（場所カードを切り始める）

　活動のやり方を説明します。

T：ペアで，場所を尋ね合う活動をします。廊下側の人は，自分が行きたい場所を Where is the post office ? などと，尋ねます。窓側の人は，自分の地図を見ながら，案内します。案内を聞いて，廊下側の人は，アクティビティ・シートの裏面を見ながら，①〜⑩のどこなのか答えます。見事，思ったように案内できれば合格です。
　　　ちょっとやってみましょう。みんなは，裏面を見てください。
　　　みんなはどこを案内してもらいたいですか。　（**C**：遊園地）

T：じゃ，「遊園地はどこですか」と質問してください。

C：Where is the amusement park ?

T：We are at A. Go straight. Turn right at the third corner. Go for three blocks.
　　　It's on your left.

C：分かった！　②。

T：That's right.（と言って地図を見せる）

　Pair Work　ペアで，場所を尋ね合う活動を行います。

T：では，最初，廊下側が質問し，窓側が道案内をしましょう。3分間時間を取りますので，終わったら交代し，何回もやってみてください。

　数名に道案内させ，到達度を確認します。

❸ まとめ（5分）

　振り返りカードへの記入を行い，学んだことなどを発表させます。

道を案内しよう！

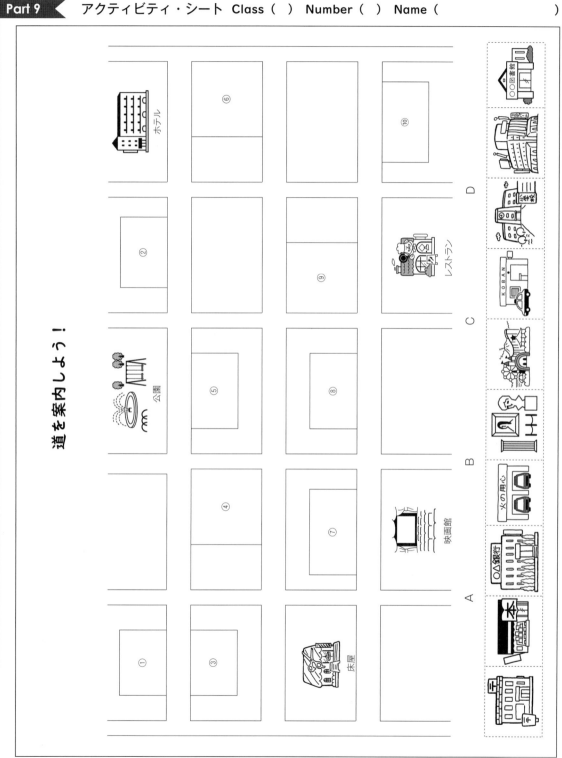

【著者紹介】

瀧沢　広人（たきざわ　ひろと）

　1966年東京都東大和市に生まれる。埼玉大学教育学部小学校教員養成課程卒業後，埼玉県公立中学校，ベトナム日本人学校，公立小学校，教育委員会，中学校の教頭職を経て，現在，岐阜大学教育学部准教授として小学校英語教育の研究を行う。

　主な著書は，『小学校英語サポート BOOKS　絶対成功する！外国語活動・外国語５領域の言語活動＆ワークアイデアブック』，『小学校英語サポート BOOKS　Small Talk で英語表現が身につく！小学生のためのすらすら英会話』，『小学校英語サポート BOOKS　導入・展開でクラスが熱中する！小学校英語の授業パーツ100』『小学校英語サポート BOOKS　英語教師のための Teacher's Talk & Small Talk 入門－40のトピックを収録！つくり方から使い方まで丸ごとわかる！』『小学校英語サポート BOOKS　単元末テスト・パフォーマンステストの実例つき！小学校外国語活動＆外国語の新学習評価ハンドブック』（以上　明治図書）他多数。

〔本文イラスト〕木村美穂

絶対成功する！外国語授業
33の英語表現指導アイデアブック　小学５年

2020年３月初版第１刷刊　©著　者　瀧　沢　広　人
　　　　　　　　　　　　　　発行者　藤　原　光　政
　　　　　　　　　　　　　　発行所　明治図書出版株式会社
　　　　　　　　　　　　　　　　　　http://www.meijitosho.co.jp
　　　　　　　　　　　　　（企画）木山麻衣子　（校正）吉田　茜
　　　　　　　　　　　　　〒114-0023　東京都北区滝野川7-46-1
　　　　　　　　　　　　　振替00160-5-151318　電話03(5907)6702
　　　　　　　　　　　　　　ご注文窓口　電話03(5907)6668
＊検印省略　　　　　　　組版所　株式会社木元省美堂

本書の無断コピーは，著作権・出版権にふれます。ご注意ください。
教材部分は，学校の授業過程での使用に限り，複製することができます。

Printed in Japan　　　　　　　ISBN978-4-18-338716-5
もれなくクーポンがもらえる！読者アンケートはこちらから